Berlin, capitale de l'Allemagne réunifiée [illegible] d'une vertigineuse plongée dans l'histoire [illegible] ses passionnants musées et mémoriaux. Ses années [illegible] ont laissé des traces, mais les travaux herculéens engagés depuis 25 ans changent chaque jour un peu plus son visage. Pourtant, son art de vivre unique et son esprit contestataire résistent et font tout le charme de cette métropole, où la nature est omniprésente.

À Berlin pour le week-end ?
Concentrez-vous sur les immanquables : passez la porte de Brandebourg, explorez l'île des Musées, traversez Alexanderplatz, longez l'East Side Gallery et visitez le Jüdisches Museum ou le Hamburger Bahnhof.

Envie de prendre votre temps ?
Découvrez les quartiers animés de Kreuzberg et Neukölln, explorez les jolies rues de Prenzlauer Berg, flânez dans les plus grands parcs de la ville…

Vous connaissez déjà bien la ville ?
Laissez-vous charmer par les châteaux, les forêts et les lacs des environs, tous à portée de métro ou de train régional.

> À faire

Adoptez la *Berliner attitude* : **circulez à vélo** le long des canaux et dans les parcs, faites le plein de **culture alternative** et de *street art* dans les friches, dansez jusqu'au matin dans les **clubs électro**, écoutez un **concert classique** à la Philharmonie…

> Le blog Évasion

Faites un tour sur notre blog (www.guide-evasion.fr), écrivez-nous sur Facebook (GuideEvasion), vous y retrouverez l'actu des destinations, les conseils et les idées de découverte de nos experts du voyage.

- **Climat.** **Nov.-mars :** températures rudes et neige fréquente. **Juin-août :** chaud et ensoleillé ; risque d'orages. **Avr.-mai et sept.-oct. :** ciel plutôt dégagé et températures agréables.
- **Formalités.** Carte d'identité ou passeport valides pour les citoyens de l'UE.
- **Devise.** L'euro.
- **Durée de vol.** **1 h 40** sans escale depuis Paris, plusieurs départs avec escale depuis la province.
- **Décalage horaire.** Aucun.
- **Budget.** Une nuit dans un hôtel basique : à partir de 50-60 €. Un repas sur le pouce : moins de 10 € ; un restaurant du soir : 20 €. Une pinte : 3 €. Une entrée en club : 5-10 €.

Le Bode Museum sur l'île des Musées

Les incontournables

Le parlement allemand (Reichstag)

Bafoué, incendié, bombardé, le symbole du pouvoir allemand a connu une formidable résurrection. Son étincelant dôme de verre, accessible au public, offre une vue superbe sur la ville, en même temps qu'une expérience architecturale enthousiasmante.

> *p. 25*

Potsdamer Platz et le forum de la Culture

Quelques centaines de mètres séparent l'époustouflant complexe muséal érigé dans les années 1960-1970 et l'orgueilleux centre d'affaires (et de loisirs) inauguré au tournant du IIIe millénaire, la Potsdamer Platz. Un vrai concentré d'énergies et de culture : peinture à la Gemäldegalerie, musique à la Philharmonie, cinéma au Sony Center…

> *p. 33 et 35*

La porte de Brandebourg et Unter den Linden

La porte de Brandebourg fit pendant près de trois décennies partie intégrante du mur de Berlin. Aujourd'hui symbole de la ville et de l'Allemagne réunifiée, elle prolonge Unter den Linden, la plus célèbre avenue de Berlin, qui aligne sur 1,5 km une extraordinaire succession de monuments et de lieux historiques.

> *p. 39*

L'île des Musées

Pas moins de 5 musées majeurs vous attendent sur l'île des Musées. Impossible de manquer Néfertiti, la borgne fatale, qui a pris ses quartiers au Neues Museum. Juste à côté, le fabuleux Pergamon Museum fait renaître les merveilles du temps de Nabuchodonosor II.

> *p. 47*

Le dôme de verre du Reichstag

L'impressionnante Karl-Marx-Allee

Le Hamburger Bahnhof – Museum für Gegenwart

Telle une sentinelle brillant dans la nuit, cette gare reconvertie abrite plus de 1 000 m² de surface d'exposition dédiée aux arts plastiques, au design, à la musique et à la vidéo. Coup de projecteur sur Joseph Beuys, l'enfant terrible de la scène allemande moderne.

> p. 57

Alexanderplatz

Ce n'est ni la plus belle, ni la plus coquette, ni la plus harmonieuse… mais cette immense place dégage un inégalable parfum d'authenticité. La preuve ? De part et d'autre de la ville, on la surnomme « Alex », comme une vieille camarade. Vous pourrez y toiser l'impressionnante Tour de télévision, emblème de Berlin réunifiée.

> p. 65

Le Jüdisches Museum

Premier grand monument de l'Américain d'origine polonaise Daniel Libeskind, cet édifice surnommé le « Blitz » (« l'éclair ») est considéré comme un chef-d'œuvre de la fin du xxe s. Dérangeant, inquiétant, émouvant, irritant… les adjectifs se pressent pour décrire le musée qu'il abrite.

> p. 80

Karl-Marx-Allee

Le style « confiseur » à la moscovite ne vous évoque rien ? L'opulence à la soviet vous laisse de marbre ? Revoyez vos classiques en arpentant les quelque 2 km de l'ancienne Stalinallee, où souffla le tout premier mouvement d'insurrection contre le régime communiste.

> p. 91

L'East Side Gallery

Le domaine de Sans-Souci

L'East Side Gallery

Le plus long pan de mur encore debout (1,3 km) a bien failli succomber aux ravages du temps. Un lifting providentiel occasionné par les 20 ans de la chute du mur a permis aux œuvres peintes de cette galerie à ciel ouvert, décorée en 1990 par 118 artistes, d'être rénovées à l'identique.

> *p. 94*

Le jardin zoologique

Situé en plein centre-ville, dans le parc de Tiergarten, le zoo de Berlin est le plus ancien d'Allemagne et l'un des plus célèbres au monde. Il héberge plus de 17 000 pensionnaires de 1 500 espèces différentes, que vous pourrez parfois approcher de très près.

> *p. 105*

Le domaine de Sans-Souci (Potsdam)

Inscrit au patrimoine mondial de l'Unesco, ce château de style rococo bâti pour Frédéric le Grand (1745) contraste radicalement avec l'architecture berlinoise en général. Les bâtiments principaux rivalisent de pièces fastueuses. Perdez-vous dans son superbe parc ponctué de temples, fontaines, pagode et belvédère.

> *p. 149*

La maison Schwarzenberg

Si vous aimez…

Le *street art*

Graffitis, fresques et inscriptions « sauvages » : détracteurs de la subculture urbaine, passez votre chemin ! Tout comme New York, Berlin cultive l'esthétique du sombre et du décalé. Dans l'ancien bastion de la contestation, le punk n'est pas (tout à fait) mort ! Prenez l'apéro devant le mur tagué de la maison Schwarzenberg *(p. 74)*.

Le style Rococo

Épargnées par la guerre ou minutieusement reconstituées, ces splendeurs du XVIIIe s. chantent la gloire du « Vieux Fritz », alias Frédéric le Grand. Visitez les expositions temporaires du **palais Éphraïm** *(p. 68)*, imaginez-vous au bal dans la Galerie dorée du **château de Charlottenburg** *(p. 115)* ou rêvez-vous en claveciniste dans le salon de musique du **château de Sans-Souci** *(p. 152)*.

Les musiques électroniques

En quelques décennies, Berlin est devenue le cœur battant de l'électro européenne. Vous ne trouverez nulle part ailleurs une telle concentration de clubs : chaque week-end, des milliers de fans déferlent de toute l'Europe pour vibrer au son des meilleurs DJs du moment. Mais Berlin est également réputée pour ses clubs de jazz, qui attirent des amateurs du monde entier *(carnet d'adresses p. 156)*.

L'histoire avec un grand H

Amateurs d'histoire, vous ne serez pas déçus ! En plus des quelques vestiges du mur disséminés en ville, Berlin présente de nombreux musées et mémoriaux consacrés à l'histoire. Citons évidemment l'incontournable Jüdisches Museum *(p. 80)*, mémoire de l'Holocauste, le DDR Museum *(p. 67)*, consacré à la vie quotidienne des ex-berlinois de l'Est ou encore le Deutsches Historisches Museum *(p. 43)*, qui retrace l'histoire de

Le Jüdisches Museum

l'Allemagne du haut Moyen Âge jusqu'à nos jours. Anciens bunkers (Sammlung Boros, *p. 56*), palais ou châteaux ponctueront également vos promenades en ville et dans les environs.

Les parcs et la nature

Avec 54 parcs et cinq forêts, les amateurs de verdure devraient trouver leur bonheur à Berlin ! D'un pique-nique dans le grand Tiergarten *(p. 29)* à une promenade dans la forêt de Grunewald *(p. 126)*, sans oublier les bars de plage disséminés en bord de Spree, vous aurez l'embarras du choix... Jusqu'à en oublier que vous vous trouvez au cœur d'une métropole de plus de 3 millions d'habitants !

L'architecture moderne

Depuis la chute du mur et la réunification, Berlin est agitée d'une énergie créatrice unique. Oubliés les destructions de la Seconde Guerre mondiale et les *no man's land* de la guerre froide ! Des projets architecturaux prestigieux ont été menés pour lui redonner son aura de capitale. À travers toute la ville,

Biergarten *au cœur du Tiergarten*

La chancellerie

de nombreux bâtiments publics ont été rénovés ou reconstruits dans un style résolument moderne, faisant oublier l'immense chantier à ciel ouvert que fut Berlin dans les années 1990.

Les balades à vélo

Avec ses 130 km de pistes cyclables, Berlin est le paradis des cyclistes. Non seulement la ville est plate (ou presque !), mais vous pourrez aussi embarquer votre vélo dans les transports en commun pour visiter les quartiers excentrés (adresses de location *p. 216*). Rien n'est plus agréable qu'une balade en vélo dans les immenses parcs de la ville…

Les cuisines du monde

Une fois goûtés les bons plats de brasserie prussiens et les plantureux *frühstück* (ou brunchs), les gastronomes se tourneront naturellement vers les cuisines du monde. Cuisine turque et orientale à Kreuzberg, tendance US à Neükolln, cantines asiatiques à Mitte ou *delicatessen* à Sheunenviertel, chacun trouvera son bonheur ! Dernière tendance, c'est désormais la *street food* qui envahit les rues et les marchés.

Mise en scène d'un appartement de Berlin-Est
au DDR Museum

Berlin c'est aussi…

Pique-niquer sur les pistes d'un aéroport

L'**aéroport de Tempelhof**, réalisation de l'architecture nazie, a fermé en 2008. Depuis, les Berlinois ont pris possession de ses 2 km² de pelouses et pistes d'atterrissage. Rejoignez les chars à voile et les cerfs volants à vélo, en rollers ou avec une simple nappe pour pique-niquer.
> p. 82

Se baigner dans un lac

L'eau est omniprésente à Berlin. Outre la Spree et ses nombreux canaux, Berlin a l'avantage de se trouver à proximité de deux grands lacs propices à la baignade : le **lac de Wannsee** *(p. 135)* et celui de **Müggelsee**, à Köpenick *(p. 101)*. Idéal lors des chaudes journées d'été.

L'ascenseur le plus rapide d'Europe

L'ascenseur de la **tour Kollhoff**, située sur la Potsdamer Platz, vous propulse en une vingtaine de secondes à 100 m de hauteur, jusqu'à la plate-forme d'observation de la tour. Pour une vue à 360° sur les toits et les parcs de Berlin.
> p. 34

Découvrir la vie quotidienne à l'époque du communisme

En 1989, le mur de Berlin tombait, emportant toute une époque avec lui. Le **DDR Museum** reconstitue la vie quotidienne des ex-Berlinois de l'Est avec justesse : un saut dans le temps pour mieux appréhender cette période clé de l'histoire allemande.
> p. 67

Les *biergarten*

Dès les premiers rayons au printemps, les Berlinois se retrouvent sur les terrasses des *biergarten* de la ville. Pour boire une bière ou manger un morceau, c'est un endroit idéal pour s'initier à l'art de vivre berlinois. Ne manquez pas notamment le célèbre **Prater** *(p. 76)* et le charmant **Schleusenkrug** *(p. 173)*.

Une piscine flottante

Nager sur la Spree, au cœur de Berlin ? Pas tout à fait, mais c'est tout comme… La piscine flottante **Badeschiff**, posée en bord de Spree, est *the place to be.* Djs et plage de sable vous attendent après vos brasses.
> p. 98

Patin à glace sur le lac de Wannsee

Nos activités préférées

Des opéras et des concerts de musique classique

Trois Opéras majeurs et cinq orchestres philharmoniques offrent une programmation riche et prestigieuse. Si vous ne deviez choisir qu'un lieu ? Ce serait la **Philharmonie** *(Berliner Philharmoniker)*, longtemps dirigée par Herbert von Karajan et modèle pour de nombreuses salles de concert dans le monde.

> Dans le forum de la Culture, p. 35. Réservez vos places à l'avance sur le site www.berliner-philharmoniker.de.

Des balades guidées à vélo

Partez pour un tour guidé avec **Berlin on bike**. Parmi les thèmes proposés : balade en compagnie de guides expérimentés sur les traces du mur, à la découverte d'oasis urbaines ou encore de Berlin de nuit. Circuits en français sur demande.

> p. 218.

Des croisières sur la Spree

Voguez en bateau à moteur vers Köpenick, à l'est de Berlin. Une balade de 1 h 30 *(aller simple)* sur la Spree à la découverte du « Grand Berlin ».

> Balade secrète p. 100.

Du patin à glace sur les lacs

L'hiver, par grand froid, les lacs berlinois gèlent : une bonne occasion de tenter le patinage sur glace en pleine nature. Plus encadré, essayez-vous à la glisse à la patinoire de Wilmersdorf *(dans le Horst-Dohm-Eisstadion)*, la plus grande de la ville. Pour les plus expérimentés, piste de 400 m pour le patinage de vitesse !

> Renseignez-vous sur place pour savoir quels lacs sont suffisamment gelés lors de votre séjour pour patiner en toute sécurité. Sinon, filez à la patinoire de Wilmersdorf, p. 176.

Des virées en Trabi

Trabi Safari vous emmène en balade au volant (oui, vous conduisez vous-même !) de la mythique voiture de l'ex-RDA. Sur les traces du mur ou à la découverte des secrets de Berlin-Est ou Ouest, voici une façon originale de découvrir la ville.

> p. 218.

4 idées de circuits

Circuit 1

2 jours express (pour avoir envie de revenir)

À moins de 2 h de vol de la France, une escapade dans la « capitale qui bouge » est plus que tentante. Mais attention : le gigantisme de la ville vous obligera à cibler vos envies !

> Jour 1 : Berlin centre et Friedrichshain

Le matin, visitez l'incontournable Reichstag *(pensez à réserver en ligne plusieurs jours à l'avance)*. Depuis la porte de Brandebourg, faites un détour par le mémorial de l'Holocauste. Descendez Unter den Linden, arrêtez-vous sur Gendarmenmarkt et faites escale chez Lutter und Wegner *(p. 160)* pour le déjeuner. L'après-midi, prenez un S-Bahn pour la légendaire Alexanderplatz, continuez jusqu'à la monumentale Karl-Marx-Allee et piquez au sud vers l'East Side Gallery, pour longer les restes du Mur. La nuit électro vous conduira à Friedrichshain, au Berghain ou au Watergate *(p. 168)*.

Visites 1, 3, 6 et 9, p. 24, 38, 64 et 83.

> Jour 2 : Prenzlauer Berg, Scheunenviertel et l'île des Musées

Débutez votre promenade dans le très tendance Prenzlauer Berg et poursuivez jusqu'au trépidant Scheunenviertel. Dégustez un pastrami chez Ruben & Carla, au cœur du nouveau petit Manhattan berlinois *(p. 165)*. L'après-midi, débarquez sur l'île des Musées pour admirer la beauté de Néfertiti au Neues Museum ou à la gare désaffectée du Hamburger Bahnhof-Museum für Gegenwart, dédié à l'art contemporain.

Visites 4, 5 et 7, p. 47, 53 et 70.

Gendarmenmarkt et l'Église française

Circuit 2

3 jours pour une seconde visite

Vous êtes déjà venu et connaissez les principaux immanquables (voir circuit 1) ? Ce circuit vous fera découvrir une autre facette de Berlin.

> Jour 1 : Forum de la Culture et Kreuzberg

Au forum de la Culture, contemplez les maîtres européens du XIIIe au XIXe s. à la Gemäldegalerie et le Berlin du XXIe s. sur la Potsdamer Platz, un ensemble architectural résolument moderne.

L'après-midi, découvrez la bouleversante «Topographie de la terreur» et explorez le très touffu Mauer Museum après être passé par Checkpoint Charlie. En soirée, filez au SO 36 *(p. 168)* pour une soirée à thème ou assistez à un concert à la Philharmonie *(p. 160)*.

Visites 2 et 8, p. 32 et 77.

> Jour 2 : Kreuzberg et Treptow

Flânez le nez en l'air à Kreuzberg, furieusement métisse et créative, et déjeunez chez Hasir *(p. 165)*, le «père» du Döner berlinois.

Dans l'après-midi, poursuivez votre exploration de l'Est aux alentours de Treptower Park. Observez-y le tout dernier mirador de l'ancienne RDA et découvrez le colossal Mémorial soviétique. À la nuit tombée, prenez un bain de jouvence dans la piscine du Badeschiff ou allez danser au Club der Visionaere *(p. 167)*.

Visites 9 et 10, p. 83 et 88.

> Jour 3 : Le jardin zoologique et Schöneberg

Passez la matinée au jardin zoologique, une merveille en pleine ville. Après avoir assisté au déjeuner des animaux, allez prendre le vôtre au calme dans le Café am Neuen See *(p. 172)*, au cœur du Tiergarten voisin.

En début d'après-midi, flânez dans le Ku'damm et ne manquez pas le musée The Story of Berlin, qui retrace 800 ans d'histoire de la ville. Puis, filez au célèbre KaDeWe pour un moment shopping et goûtez à l'*Apfelstrudel* (gâteau aux pommes) de l'Einstein Café *(p. 174)*.

Visites 12 et 13, p. 104 et 110.

Le Checkpoint Charlie

Circuit 3

5 jours pour prendre son temps

Voir les incontournables de Berlin sans se presser, c'est possible. Suivez le guide…

> Jour 1 : Unter den Linden

De bon matin, admirez la ville qui s'éveille depuis le dôme en verre du Reichstag, puis déambulez dans la célébrissime Unter den Linden, artère historique de Berlin. Pause déjeuner sur Gendarmenmarkt, au Refugium *(p. 159)*, avant de filer au musée d'art contemporain Hamburger Bahnhof-Museum für Gegenwart. Le soir, allez prendre un verre à la lumière des lampions au Schleusenkrug *(p. 173)*.
Visites 1, 3 et 5, p. 24, 38 et 53.

> Jour 2 : L'île des Musées, Scheunenviertel et Prenzlauer Berg

Matinée sur l'île des Musées, où vous aurez l'embarras du choix : entre le Pergamon Museum, l'Alte Nationalgalerie et le Neues Museum, suivez vos préférences. Pour le déjeuner, dirigez-vous vers Scheunenviertel pour une *Flammkuchen* chez Mittendrin *(p. 164)*. L'après-midi, arpentez Prenzlauer Berg avant de vous installer confortablement au Prater Biergarten *(p. 76)* pour l'apéritif.
Visites 4 et 7, p. 47 et 70.

> Jour 3 : Alexanderplatz et Friedrichshain

Le matin, rendez-vous sur Alexanderplatz et montez en haut de la Tour de télévision. Vue imprenable… Puis découvrez le DDR Museum, mémoire de la vie quotidienne des ex-Berlinois de l'Est. Arpentez le quartier Saint-Nicolas et goûtez aux boulettes à la viande de Zum Nußbaum *(p. 68)*. L'après-midi, cap sur Friedrichshain et la Karl-Marx-Allee, puis longez les restes du mur de l'East Side Gallery. Soirée dans le quartier de Friedrichshain ou au Watergate *(p. 168)*.
Visites 6 et 10, p. 64 et 88.

> Jour 4 : Le Ku'damm et Potsdamer Platz

Cap à l'Ouest avec, le matin, une visite du jardin zoologique ou une séance shopping au KaDeWe. Dans tous les cas, pause pique-nique dans le Tiergarten pour recharger les batteries. L'après-midi, direction le forum de la Culture et Potsdamer Platz pour une plongée dans le Berlin du XXIe s. Soirée à la Philharmonie.
Visites 2, 12 et 13, p. 32, 104 et 110.

> Jour 5 : Kreuzberg et Neukölln

Partez à la rencontre de l'Histoire dans Kreuzberg en passant le Checkpoint Charlie. Le Mauer Museum ou le Jüdisches Museum occuperont la matinée. Déjeunez dans Neukölln à The Bird Xberg *(p. 166)* puis finissez l'après-midi au Treptower Park et piquez une tête dans la piscine du Badeschiff.
Visites 8, 9 et 11, p. 77, 83 et 95.

Circuit 4

7 jours pour profiter de Berlin et ses environs

Vous avez une semaine Berlin et souhaitez explorer Berlin et ses environs ? Entre ses lacs, ses forêts et ses châteaux, la ville a également beaucoup à offrir à quelques stations de S-Bahn.

> Jours 1, 2 et 3

Pour les trois premiers jours de votre séjour, piochez dans les circuits 1 et 2 selon vos préférences.

> Jour 4 : Le Stade olympique et la forêt de Grunewald

➤ ***Accessible en S5 et U12. À env. 30 min de la station Friedrichstraße.***

Louez un vélo et embarquez-le avec vous dans le S-Bahn, direction le Stade olympique. Après avoir fait le tour de ce colosse, faites un crochet par La Cité radieuse de Le Corbusier avant de pédaler vers la forêt de Grunewald. Pique-niquez dans un pré, puis sillonez les sentiers jusqu'à la presqu'île de Schildhorn ou la tour de Grunewald. Un magnifique panorama vous y attend.

Au retour, arrêtez-vous au café K *(p. 177)* du Georg Kolbe Museum avant de reprendre le S-Bahn vers le centre-ville.

Visite 15, p. 122.

> Jour 5 : Wannsee

➤ ***Accessible en S1 et S7. À env. 30 min de la station Friedrichstraße.***

Par beau temps, le lac de Wannsee vous attirera immanquablement. Sa plage de sable et ses activités nautiques occuperont votre matinée, et vous y trouverez tout le nécessaire pour déjeuner.

L'après-midi, visitez la villa de la conférence de Wannsee ou promenez-vous dans le parc.

Visite 17, p. 134.

> Jour 6 : Potsdam

➤ ***Accessible en S7. À env. 35 min de la station Friedrichstraße.***

Une journée spéciale Sans-Souci ! Venez découvrir le plus tôt possible *(les billets sont pris d'assaut, il peut y avoir jusqu'à 2h d'attente l'après-midi, voire plus de tickets du tout après 12h)* ce Versailles d'outre-Rhin. Admirez en priorité le salon de musique, puis les virtuosités rococo du Nouveau Palais. Baladez-vous dans le parc agrémenté de temples pseudo-antiques, puis découvrez le vieux marché et le quartier hollandais, dans le centre historique de Potsdam.

Visites 18 et 19, p. 140.

> Jour 7 : Köpenick

➤ ***Accessible en bateau (croisière d'1 h 30 depuis Treptower Park) ou en S3 et S47 (à env. 45 min de Treptower Park).***

Embarquez sur la Spree, direction Köpenick. Son château baroque et son lac de Müggelsee (le plus grand de Berlin) vous enchanteront.

Balade secrète p. 100.

Visiter Berlin

Nous avons découpé Berlin en 5 grandes zones :

Tiergarten et le Centre

Mitte (le « milieu »), le cœur… ou plutôt l'épine dorsale de l'Allemagne nouvelle où se succèdent les symboles du pouvoir reconquis : la porte de Brandebourg, le Reichstag, la chancellerie et la fameuse colonne de la Victoire, érigée dans le Tiergarten, le plus grand espace vert de la ville (plus de 200 ha). Ici, à la jonction de l'Est et de l'Ouest, tout est superlatif et flambant neuf : du chapiteau du Sony Center qui glorifie la société des loisirs à la gare centrale pharaonique qui fait bouger l'Europe.

PRATIQUE

Restos, hôtels, shopping, activités : voir *p. 158.*
Plans : Tiergarten : le Reichstag et le quartier diplomatique, *p. 26-27*, La Potsdamer Platz et le forum de la Culture, *p. 33*, Unter den Linden et Gendarmenmarkt, *p. 40-41*, L'île des Musées, *p. 49*, Autour de Dorotheenstadt, *p. 55.*
Conseil : réservez à l'avance votre visite du Reichstag (voir *p. 25*).

VISITES

1 à 5

Tiergarten et le Centre

La colonne de la Victoire dans le Tiergarten

1 Tiergarten : le Reichstag et le quartier diplomatique

Le Reichstag

C'est au Tiergarten, ancienne réserve de chasse des princes électeurs jadis tronquée par le mur, que les nouvelles institutions de la république ont élu domicile au tournant du XXIe s. Du Ruban de la Fédération (Band des Bundes), mirage futuriste éclos dans le coude de la Spree, aux reliquats du IIIe Reich « cramponnés » à la lisière du parc, 70 ans d'histoire se déroulent sous les frondaisons.

- **Point de départ :** le Reichstag.
- **À ne pas manquer :** le Reichstag, une balade dans le Tiergarten à la rencontre de ses monuments et le Bauhaus-Archiv.
- **Plan :** p. 26-27.
- **Carnet d'adresses :** p. 158

➤ Le quartier du gouvernement

Plan p. 26-27 / CD1 *– U55 et S1, S2 Brandenburger Tor.*

Le symbole se devait d'être fort : en enjambant la Spree à deux reprises, le **Ruban de la Fédération** *(Band des Bundes)*, complexe architectural rassemblant les institutions gouvernementales, accomplit une jonction définitive entre l'Est et l'Ouest. Au centre du quartier, se dresse le vénérable Reichstag, successivement incendié par les nazis (28 février 1933), conquis par l'Armée rouge (1945) et… emballé par Christo (1995).

Le parlement allemand (Reichstag)★★★

Deutscher Bundestag

Platz der Republik. Visite de la coupole t.l.j. 8 h-minuit, dernière entrée 22 h. Visites guidées ☎ 22.73.21.52, www.bundestag.de. Réservez vos entrées en ligne au moins trois jours à l'avance, vous pourrez choisir un jour et un horaire précis. Entrée gratuite, mais rés. obligatoire (poss. de réserver sur place).

Les députés de la **Chambre basse** *(Bundestag)* ont tout de même attendu 10 ans après la chute du mur pour investir les lieux, magistralement réaménagés en 1999 par le Britannique Norman Foster. Son **dôme** étincelant est doté d'un cône central tapissé de 360 miroirs plongeant vers l'hémicycle des députés, auquel il renvoie la lumière. La coupole, gigantesque bulbe de verre de 3 000 m², offre une vue inoubliable sur le Tiergarten et efface à tout jamais la célèbre image du drapeau soviétique fiché dans les ruines carbonisées du Reichstag (1945). À dessein, certains **graffitis en cyrillique** ont été conservés sur un fragment de voûte : « Nous étions là le jour de la victoire sur l'Allemagne d'Hitler. » Illuminée dès le coucher du soleil, la **coupole** est la star incontestée des nuits berlinoises. Rappelons que ce puissant symbole de l'histoire allemande a été édifié

DÉJEUNER AU REICHSTAG

Pour admirer la coupole à votre guise, attablez-vous au Käfer Berlin, situé sur la terrasse du Parlement. La cuisine (spécialités allemandes) que l'on y sert n'est pas donnée, mais sa situation est incomparable. Et les petits déjeuners sont moins onéreux !

➤ Plan p. 26-27 / D1 – Käfer Berlin, *Platz der Republik 1, accès par la porte Ouest (West C) ☎ 226.29.933, www.feinkost-kaefer.de. Ouv. t.l.j. 9 h-16 h 30 et 18 h 30-minuit. Rés. obligatoire au moins 48 h avant.*

Tiergarten : le Reichstag et le quartier diplomatique

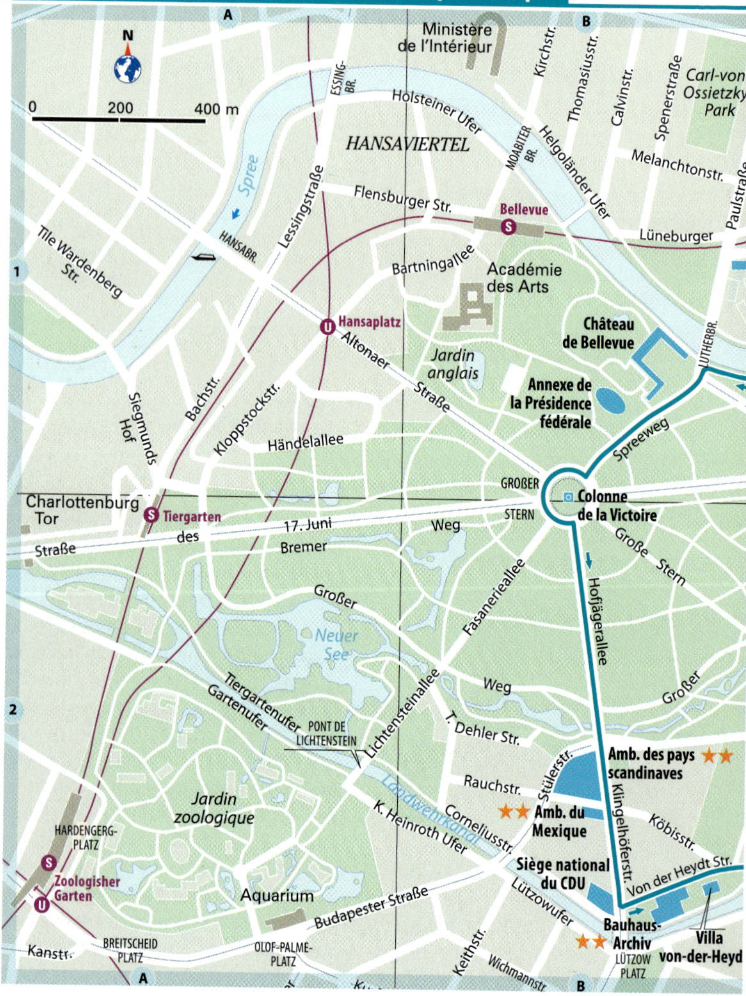

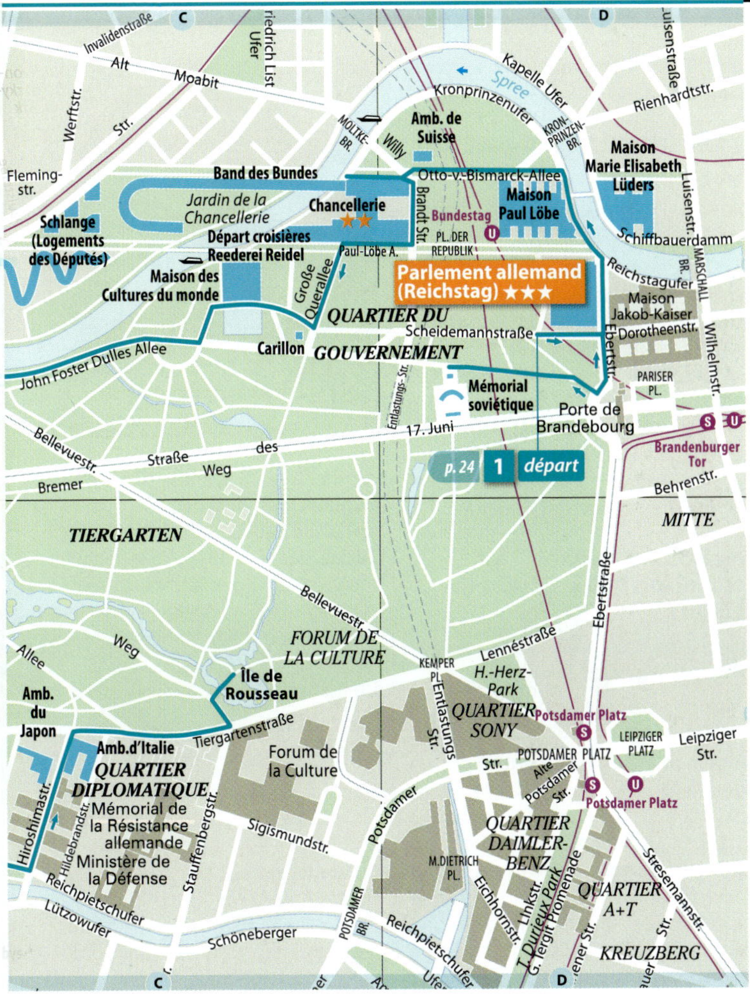

C
D
Invalidenstraße
Alt
Moabit
Friedrich List Ufer
Werftstr.
Str.
Fleming-str.
Kapelle Ufer
Spree
Kronprinzenufer
Rienhardtstr.
MOLTKE-BR.
Willy
KRON-PRINZEN-BR.
Amb. de Suisse
Maison Marie Elisabeth Lüders
Luisenstraße
Band des Bundes
Otto-v.-Bismarck-Allee
Jardin de la Chancellerie
Chancellerie ★★
Brandt Str.
Bundestag
Maison Paul Löbe
Luisenstr.
Schiffbauerdamm
Schlange (Logements des Députés)
Départ croisières Reederei Reidel
Paul-Löbe A.
PL. DER REPUBLIK
MARSCHALL BR.
Reichstagufer
Maison des Cultures du monde
Große Querallee
Parlement allemand (Reichstag) ★★★
Maison Jakob-Kaiser
QUARTIER DU GOUVERNEMENT
Scheidemannstraße
Dorotheenstr.
Ebertstr.
Carillon
Wilhelmstr.
John Foster Dulles Allee
Mémorial soviétique
Entlastungs-Str.
PARISER PL.
Porte de Brandebourg
17. Juni
Brandenburger Tor
Bellevuestr.
Straße
des
p. 24
1
départ
Weg
Bremer
Behrenstr.
TIERGARTEN
MITTE
Ebertstraße
Bellevuestr.
FORUM DE LA CULTURE
Weg
Lennéstraße
Allee
KEMPER PL.
H.-Herz-Park
Île de Rousseau
Amb. du Japon
Entlastungs Str.
QUARTIER SONY
Potsdamer Platz
Tiergartenstraße
LEIPZIGER PLATZ
Leipziger Str.
Amb.d'Italie
Forum de la Culture
POTSDAMER PLATZ
Str.
QUARTIER DIPLOMATIQUE
Alte Potsdamer Str.
Potsdamer
Mémorial de la Résistance allemande
Stauffenbergstr.
Hiroshimastr.
Hildebrandstr.
Sigismundstr.
QUARTIER DAIMLER-BENZ
Ministère de la Défense
M.DIETRICH PL.
Eichhornstr.
Linkstr.
T. Durieux Park
G. Tergit Promenade
QUARTIER A+T
Stresemannstr.
Reichpietschufer
Lützowufer
Schöneberger
POTSDAMER BR.
Reichpietschufer
KREUZBERG

en 1894 avec les deniers de la France, suite à sa défaite de 1871.

Le Mémorial soviétique

Sowjetisches Ehrenmal

Au S-O du Reichstag, près de la Straße des 17. Juni.

Cet impressionnant mémorial, érigé en l'honneur des soldats de l'Union soviétique morts à Berlin, est le premier monument construit après la Seconde Guerre mondiale. Les deux chars sur les côtés seraient les deux premiers engins russes entrés à Berlin en 1945. Quant au marbre, il proviendrait de l'ancienne chancellerie d'Hitler aujourd'hui disparue.

Maison Paul Löbe et Maison Marie Elisabeth Lüders*

Paul-Löbe-Haus et Marie-Elisabeth-Lüders-Haus

Paul-Löbe-Allee et Schiffbauerdamm. Ne se visite pas.

Ce binôme architectural relié par un double pont piétonnier a été conçu de 2000 à 2003 par le Munichois Stephan Braunfels à l'endroit où s'élevait le mur meurtrier. Le premier bâtiment, en forme de peigne à deux côtés, abrite la **bibliothèque du parlement**. Le second, pourvu d'un spectaculaire toit flottant et

La Maison des cultures du monde

de fenêtres circulaires, héberge les **bureaux des députés**. À l'ouest de la Maison Paul Löbe, l'**ambassade de Suisse**, datée de 1871, est le seul bâtiment épargné par la frénésie reconstructrice d'Albert Speer (1905-1981), l'architecte d'Hitler.

La chancellerie**

Bundeskanzleramt

Willy-Brandt-Straße. Ne se visite pas.

C'est dans la « machine à laver », cube blanc futuriste aux ouvertures circulaires – signé Axel Schultes et Charlotte Frank (2001) –, que la chancelière Angela Merkel a élu domicile depuis 2005. Haut de 36 m, ce bâtiment très expressif – et fort décrié – s'illumine magnifiquement dans l'obscurité. À l'arrière, une passerelle donne sur le **jardin de la chancellerie** *(Kanzlergarten)*.

La Maison des cultures du monde★

Haus der Kulturen der Welt

John-Foster Dulles-Allee 10 ☎ 39.78.70. www.hkw.de. Ouv. t.l.j. 10h-19h. Entrée gratuite. Expositions mer.-lun. 11h-19h (5 €).

Véritable pied de nez à l'ex-Berlin-Est (distante d'environ 1 km), cet ancien palais des congrès, bâti par Hugh Stubbins en 1957, est la contribution américaine à l'Exposition internationale d'architecture Interbau qui eut lieu la même année. Son extraordinaire toit parabolique, qui lui vaut le qualificatif d'« huître enceinte » *(schwangere Auster)*, abrite désormais des manifestations culturelles du monde entier. Demandez le programme !

À quelques pas, le plus important **carillon** d'Europe, offert par Daimler-Benz en 1987, retentit chaque jour à 12h et 18h. De l'autre côté de la Spree, ondule depuis 1999 la silhouette du **Schlange** (« le serpent »), un ensemble de logements destinés à l'administration fédérale.

CROISIÈRE SUR LA SPREE

Des croisières de 1 h à 1 h 30 *(compagnie Reederei Riedel, p. 218)* permettent de découvrir le quartier au fil de l'eau, depuis le pont Moltkebrücke ou la Maison des cultures du monde.

➤ Dans le Tiergarten

Plan p. 26-27 / B1-2.

D'innombrables chemins et sentiers sillonnent ce parc de plus de 200 ha *(3 km de long sur 1 km de large)*. Perdez-vous dans ses allées, pique-niquez à l'ombre des arbres ou partez à la recherche du château de Bellevue, de la colonne de la Victoire et de l'île de Rousseau.

Le château de Bellevue

Schloß Bellevue

Spreeweg 1. Bus 100 et 187. Ne se visite pas.

Édifié en 1785, ce palais à trois ailes fut d'abord une école sous Guillaume II, un musée d'ethnologie sous le IIIe Reich, puis le domicile berlinois du président au temps de la RFA. En 1994, le château acquiert le statut de résidence présidentielle à temps plein. Au sud du palais, l'**annexe de la présidence fédérale** *(Bundespräsidialamt)*, belle ellipse de verre et de granit noir surnommée « l'œuf » (Ei) abrite l'administration du chef de l'État.

Depuis mars 2012, le château de Bellevue est occupé par Joachim Gauck. En Allemagne, le président, élu pour 5 ans par l'Assemblée fédérale, n'incarne qu'un rôle de représentation de l'État.

La colonne de la Victoire*

Siegessäule

Große-Stern-Allee ☎ 391.29.61. Ouv. avr.-oct. : lun.-ven. 9 h 30-18 h 30, sam.-dim. 9 h 30-19 h ; nov.-mars : t.l.j. 9 h 30-17 h 30. Entrée : - de 5 €.

Avant de servir de perchoir à l'ange mélancolique des *Ailes du désir* de Wim Wenders et de devenir le symbole irrévérencieux du milieu gay local, la célèbre colonne haute de 67 m commémorait les victoires militaires prussiennes – sur le Danemark (1864), l'Autriche (1866) et la France (1870-1871) – et symbolisait la toute-puissance de la « Germania » nazie, la capitale du monde « rêvée » par Hitler. L'ascension des 285 marches vous fait tutoyer la belle *Goldelse* (« Else dorée »), figure allégorique de la Victoire ailée.

➤ Le quartier diplomatique

Plan p. 26-27 / B-C2 *– Bus 100, 106, 186.*

Réputé pour l'élégance de ses villas « fin de siècle », le sud de Tiergarten hébergeait les ambassades édifiées sous le IIIe Reich. Endommagé par la guerre, le quartier a récemment renoué avec sa vocation diplomatique.

La Klingelhöferstraße

Entre jardin et canal, cette paisible artère s'est vue gratifiée de bâtiments futuristes en moins d'une décennie.

Les ambassades des pays scandinaves**

Nordische Botschaften

À l'angle de la Rauchstraße, s'élève depuis 1999 un véritable « ovni diplomatique », qui abrite non pas un, mais quatre pays scandinaves, ainsi que la Finlande. Clou de ce quintette : le gigantesque bloc de granit intégré à la façade de l'ambassade de Norvège. Seul bâtiment ouvert aux visiteurs, le **Felleshus**, espace commun aux cinq ambassades, abrite plusieurs halls d'exposition, un auditorium, une terrasse et même un café-restaurant ! *(ouv. lun.-ven. 10 h-16 h ; entrée gratuite).*

L'ambassade du Mexique**

Mexikanische Botschaft

Klingelhöferstraße 3, face à l'ambassade des pays scandinaves. Ne se visite pas.

Œuvre de T. G. de León et F. Serrano (2000), elle déploie une tenture spectaculaire en « béton de marbre » protégeant une grande façade de verre.

Le siège national du CDU

Plus bas, au n° 8. Ne se visite pas.

Le siège de l'**Union chrétienne-démocrate** – parti conservateur d'Angela Merkel – arbore un immense jardin d'hiver enserré dans une enveloppe de verre.

Le long du Landwehrkanal

Bauhaus-Archiv**

Les archives du Bauhaus

Klingelhöferstraße 14 ☎ 254.00.20, www.bauhaus.de. Ouv. mer.-lun. 10h-17h. Entrée : + de 5 €.

Ce « musée-paquebot » vous plonge dans l'effervescence artistique de l'entre-deux-guerres. Les œuvres présentées, véritables passerelles entre beaux-arts et objets industriels, vous ramènent aux origines du design. Ne manquez pas le **modulateur lumière-espace** de László Moholy-Nagy et les fameux fauteuils de Mies Van der Rohe.

La villa von-der-Heydt

Von-der-Heydt-Straße 16, à côté du Bauhaus-Archiv. Ne se visite pas.

Cette élégante villa de style néoclassique est l'un des seuls vestiges du XIXe s. du quartier.

Vers la Tiergartenstraße

Pour avoir une idée précise de la physionomie du quartier dans les années 1930-1940, comparez la façade contemporaine de l'**ambassade du Japon** *(Hiroshima-straße 6. Ne se visite pas.)* avec son entrée principale d'origine *(Tiergartenstraße 24-27)* : une véritable « forteresse » surmontée du soleil impérial, œuvre de Ludwig Moshamer (1938-1942).

À côté, aux nos 21-23, un autre allié du IIIe Reich, l'Italie, s'est installé en 1942 dans un édifice monumental conçu par Friedrich Hetzelt, l'architecte préféré de Gœring. Sorte de palais Renaissance révisé par le national-socialisme, l'**ambassade d'Italie** *(ne se visite pas)* a été restaurée à la fin des années 1990.

L'île de Rousseau

Rousseau-Insel

À l'est de l'ambassade d'Italie.

Petit jardin à l'anglaise créé en 1792, l'île arbore une colonne commémorative (érigée en 1897 et rebâtie en 1987) à la gloire du philosophe genevois. L'apôtre de la nature méritait bien une île…

2 La Potsdamer Platz et le forum de la Culture

Potsdamer Platz

Tous deux sortis de l'ex-*no man's land* du mur, le forum de la Culture et la Potsdamer Platz, dont les chantiers, à plus de 30 ans d'écart, ont été placés entre les mains des plus grands architectes, forment un concentré vertigineux de talents, d'espoirs et d'ambitions. Ils symbolisent le Berlin des arts et des affaires : une capitale du IIIe millénaire qui brille de mille feux. La revanche de la vie sur les ombres de la mort…

- **Point de départ :** Potsdamer Platz.
- **À ne pas manquer :** la Gemäldegalerie et la Neue Nationalgalerie.
- **Plan :** p. 33
- **Précision :** Les (1) renvoient aux sites localisés sur le plan ci-contre.
- **Carnet d'adresses :** p. 158.

➤ Potsdamer Platz★★

***Plan p. 33 / B1** – U2 et S1, S2 Potsdamer Platz.*

La Potsdamer Platz est trois fois plus vaste que la place de la Concorde à Paris. Détruite par les bombardements alliés, son réaménagement, lancé après la chute du Mur, a été entièrement financé par des capitaux privés. Les investisseurs ont d'ailleurs chacun eu droit à un quartier à leur nom (Sony, Daimler-Chrysler, Beisheim…). À la fois « paillettes » et « saucisses-frites », le quartier de la Potsdamer Platz, qui accueille la prestigieuse **Berlinale** *(p. 188)*, manque encore de patine : son aspect commercial pourra en rebuter certains.

À l'ouest de la place, face à la réplique d'un feu rouge de 1924 (le tout premier d'Europe), la tour de 18 étages en terre cuite est signée **Renzo Piano (1).** En face, le gratte-ciel de 25 étages en brique et granit, la **tour Kollhoff (2)** a été réalisé par Hans Kollhoff, tandis que la tour en verre de la **Deutsche Bahn (3)**, est l'œuvre de Helmut Jahn. Au nord de la place, la **Maison Delbrück (4)** de Hans Kollhoff et l'**hôtel Ritz Carlton (5),** avec ses réminiscences Art déco, incarnent le rêve du New York des années 1930 du millionnaire Otto Beisheim, mécène du quartier. Au centre du carrefour, devant la station de S-Bahn, un **pan de mur** esseulé vient rappeler que la place se situait pile entre les deux Berlin.

QUELLE VUE !

Dans la tour Kollhoff, l'ascenseur le plus rapide d'Europe vous expédie au 7e ciel… une façon originale de découvrir les bâtiments de la Potsdamer Platz.
➤ *Potsdamer Platz 1. Ouv. t.l.j. 10 h-18 h. Entrée : 6,50 €.*

Le Sony Plaza**

L'époustouflante **toiture de verre** de l'édifice se pare des couleurs de l'arc-en-ciel à la nuit tombée. Cette coupole surplombe un forum entouré de bâtiments publics et privés, dont le siège de Sony. À l'entrée de la place, la façade 1911 de l'ancien **hôtel Esplanade** a été placée sous verre.

Museum für Film und Fernsehen**

Musée du Cinéma et de la TV

Potsdamer Straße 2 ☎ 300.90.30, www.deutsche-kinemathek.de. Ouv. mar.-dim. 10 h-18 h, jeu. 20 h. Entrée : + de 5 €.

Le musée expose tenues et objets personnels de Marlene Dietrich, célèbre actrice allemande des années 1930. Les cinéphiles pourront satisfaire leur passion à la cinémathèque de l'**Arsenal** située au cœur du musée *(☎ 26.95.51.00, www.arsenal-berlin.de).*

Musikinstrumenten Museum*

Musée des Instruments de musique

Tiergartenstraße 1 ☎ 25.48.11.78, www.mim-berlin.de. Ouv. mar.-ven. 9 h-17 h (22 h jeu.), sam.-dim. 10 h-17 h. Entrée : 6 €.

Huit cents instruments européens du XVe s. à nos jours sont exposés ici. Clous de la collection : un **Stradivarius** de 1703 et un **piano-boîte à couture**.

➤ Le forum de la Culture

Kulturforum

***Plan p. 33 / A1-2** – U2 et S1, S2 Potsdamer Platz. Nº commun aux musées du Forum ☎ 266.42.42.42, www.smb.spk-berlin.de. Pour 16 €, le pass du Forum donne accès, le même jour, à tous les musées du lieu.*

Après la guerre, l'emplacement du Forum n'était qu'un terrain vague. C'est ici que l'ex-Berlin-Ouest, dépossédée de ses monuments culturels, décida dans les années 1960 d'aménager un espace voué aux beaux-arts et à la musique. **Hans Scharoun** (1893-1972), le chef des services d'urbanisme de la ville, inaugura les travaux. Pari gagné : après 1989, le forum s'est retrouvé au centre de la ville réunifiée.

La Philharmonie**

Berliner Philharmoniker

Herbert-von-Karajan-Straße 1 ☎ 25.48.80, www.berliner-philharmoniker.de. Vis. guidée t.l.j. sf juil.-août à 13 h 30 (r.-v. 30 min avant à l'entrée des artistes). Billetterie lun.-ven. 12 h-18 h, sam.-dim. et j.f. 11 h-14 h. Entrée pour visite : 5 €. Place à partir de 17 €, variable selon les concerts.

Marquée par le souvenir du « Kapellmeister » **Herbert von Karajan** (1908-1989), qui dirigea l'orchestre de Berlin de 1954 à 1989, l'audacieuse Philharmonie est le premier bâtiment réalisé par Hans Scharoun sur le forum. Une expérience acoustique inoubliable servie par l'un des meilleurs orchestres du monde !

CONCERT GRATUIT

Tous les mardis à 13 h, la Philharmonie organise dans le foyer un concert gratuit d'environ 1 h *(r.-v. 30 min avant).*

Kunstgewerbemuseum**

Musée des Arts décoratifs

Matthäikirchplatz 10. Entrée : 8 €.

Ce musée est dédié aux arts appliqués occidentaux du Moyen Âge à nos jours. Un département dédié à la mode (costumes et accessoires du XIIIe au XXe s.) a récemment été ouvert.

Gemäldegalerie***

Galerie de Peinture

Matthaïkirchplatz 8. Ouv. mar.-ven. 10 h-18 h (jeu. 20 h), sam.-dim. 11 h-18 h. Entrée : 10 €.

1 500 toiles réparties dans 72 salles : cette vitrine époustouflante de la **peinture européenne du XIIIe au XIXe s.** fut constituée par le Grand Électeur (1620-1688) et Frédéric le

Grand (1712-1786). Les plus pressés se rabattront sur l'audiotour qui réunit 20 chefs-d'œuvre universels – dont les ***Proverbes néerlandais*** de Bruegel l'Ancien (1559) et ***La Femme au collier*** de Vermeer (v. 1662-1665).

La bibliothèque des Beaux-Arts*

Kunstbibliothek

Matthäikirchplatz 6 et 8. Ouv. mar.-ven. 10 h-18 h, sam.-dim. 11 h-18 h. Entrée: 6 €.

Cette impressionnante **bibliothèque** abrite 200 000 documents (dont 48 000 affiches). Le **cabinet des Estampes** *(Kupferstichkabinett)* réunit plus de 500 000 estampes, gravures et lithographies incluant des œuvres de Dürer, Rembrandt et Andy Warhol.

Neue Nationalgalerie**

Nouvelle Galerie nationale

Potsdamer Straße 50. Fermé pour travaux depuis janvier 2015 pour plusieurs années.

Sortie de terre en 1968, cette « nouvelle galerie » est en fait l'un des plus anciens bâtiments du Forum. Le hall en verre coiffé d'un toit à caissons n'est soutenu par aucun mur ; il est l'œuvre de **Ludwig Mies van der Rohe** (1886-1969), l'un des grands noms du mouvement Bauhaus *(p. 31)*. Elle possède des œuvres de Schmidt-Rottluff, Ernst ou encore Picasso.

L'église Saint-Mathieu

St-Matthäus-Kirche

Matthäikirchplatz ☎ 262.12.02. Ouv. t.l.j. à 9 h ; messe en musique mar.-dim. 12 h 30.

Édifiée en 1846 et restaurée à la fin des années 1950, l'église Saint-Mathieu est le seul monument du quartier à avoir survécu à la fois aux bombes et à la frénésie reconstructrice.

La Bibliothèque nationale**

Staatsbibliothek

Potsdamer Straße 33 ☎ 266.43.23.33, www.staatsbibliothek-berlin.de. Hall d'entrée (accès libre) : ouv. lun.-ven. 9 h-21 h, sam. 10 h-19 h. Visite guidée payante le 3e sam. du mois (r.-v. 10 h 30 au foyer). Entrée : - de 5 €.

La « bibliothèque de l'Ouest » – la « **Stabi** » comme l'appellent affectueusement les étudiants et les cinéphiles – a une « jumelle » située dans l'ex-Berlin-Est *(p. 43)*. À elles deux, elles totalisent 12 millions d'ouvrages.

➤ Marlene-Dietrich-Platz

Plan p. 33 / B2.

Abritant sous le même toit le **Théâtre musical** et le **casino (6)**, le « temple du loisir » *(au n° 1 de la place)* est une référence architecturale au « temple du savoir » représenté par la Bibliothèque nationale. Au n° 2 de

POUR GOÛTER À TOUT

Installé sur la Marlene-Dietrich-Platz, le sympathique resto **Mesa** qui propose de nombreuses spécialités allemandes en petites portions ravira les curieux. Plus la peine de lorgner sur l'assiette du voisin !

➤ ***Plan p. 33 / B2 – Mesa**, Marlene-Dietrich-Platz 2 ☎ 25.53.15.72, www.mesa-restaurant.de. Ouv. t.l.j. 12 h-23 h. Le midi, 3 plats à 15 € et 4 plats à 19 €.*

la place, l'austère façade du **Grand Hyatt (7)** contraste avec son voisin.

➤ Le long de la Eichhornstraße

Plan p. 33 / B2.

Au n° 3 de la Eichhornstraße, la **grande tour Debis (8)**, l'étendard spectaculaire de Daimler-Chrysler, arbore un cube vert culminant au 21ᵉ étage et un immense atrium de 90 m de long. Au n° 1, la façade ondulée ocre et brune est le siège de la **Berliner Volksbank (9)**. Au bout de la rue à droite, aux nᵒˢ 6, 4 et 2 de la Linkstraße, 3 **capsules de verre (10)** futuristes abritent depuis 1998 un ensemble de bureaux et de commerces *(ne se visitent pas)*.

➤ Weinhaus Huth

***Plan p. 33 / B1** – Alte-Potsdamer-Straße 5, 4ᵉ ét. ☎ 25.94.14.20. Ouv. 11 h-18 h. Entrée gratuite*

La Weinhaus Huth **(11)**, rescapée de la Seconde Guerre mondiale grâce à sa structure métallique, dont la cage d'escalier et la salle aux armoiries sont classées aux monuments historiques, abrite la **galerie Daimler** (art contemporain).

➤ Leipziger Platz

Plan p. 33 / B1.

Au nord-est de Potsdamer Platz, le site historique des grands magasins Wertheim de 1896 à 1944, et l'ancien fief du mythique club **Tresor** (qui « inventa » la vague techno) de 1991 à 2005 *(p. 168)* abrite un immense **centre commercial** censé « renouer avec la tradition commerciale de la place ».

LÈCHE-VITRINE

Sur l'Alte-Potsdamer-Straße, les galeries **Potsdamer Platz Arkaden (12)** essaiment leurs boutiques autour d'un jardin d'hiver.

➤ *Ouv. lun.-sam. et quelques dim. 10 h-21 h.*

3 Unter den Linden et Gendarmenmarkt

La porte de Brandebourg

Véritable vitrine baroque et rococo, l'avenue Unter den Linden a successivement subit le feu des bombes et le glacis de la guerre froide. Cette artère historique de 1,5 km retrouve peu à peu son petit air de Champs-Élysées après d'interminables travaux. Au sud de l'avenue, la Gendarmenmarkt, regardée comme la plus belle place de la ville, abrite de jolies terrasses de cafés et d'intéressants bâtiments historiques.

- **Point de départ :** la porte de Brandebourg.
- **À ne pas manquer :** la porte de Brandebourg, le mémorial de l'Holocauste, Gendarmenmarkt et les Friedrichstadtpassagen
- **Plan :** p. 40-41
- **Carnet d'adresses :** p. 158.

➤ Le long d'Unter den Linden**

Plan p. 40-41 / A1-2-C1 – U5 et S1, S2 Brandenburger Tor.

Après la guerre, la **Pariser Platz** n'est plus qu'un trou béant situé à l'Est. Après 1989, une charte de « reconstruction critique » est imposée aux architectes : sobriété des matériaux et hauteur des bâtiments inférieure à la porte de Brandebourg. Le long de l'avenue, les vénérables tilleuls *(Linden)*, qui donnent leur nom à la plus fameuse artère de Berlin, enchantent les promeneurs depuis le XVIIe s. !

La porte de Brandebourg***

Brandenburger Tor

Plan p. 40-41 / A2 – Sur la Pariser Platz.

Du haut de ses 20 m, la porte érigée par Carl Gotthard Langhans (1791) et coiffée du célèbre quadrige de Johan Gottfried Schadow (1795 ; *encadré ci-dessous*) a vu passer toutes les convulsions de l'Histoire : le défilé victorieux de Napoléon (1806), la construction du mur (1961) et les débordements joyeux de la réunification (1989). De style néoclassique, elle est supportée par six colonnes doriques. C'est la dernière des 15 portes d'enceintes de la cité *(tor)* à être encore debout.

JE M'APPELLE « REVIENS » !

En 1806, les troupes victorieuses de Napoléon ont confisqué le quadrige surmontant la porte de Brandebourg. En 1814, après la défaite française, les Prussiens ont récupéré leur bien.

Autour de Pariser Platz

Plan p. 40-41 / A1-2.

Convoitée par les ambassades et les entreprises, la prestigieuse place est aussi le lieu de rendez-vous des grandes manifestations publiques. Bordée d'édifices modernes, elle accueille notamment l'**ambassade de France** *(Pariser Platz 5 ; vis. sur rés. le sam. sur www.serviceagentur-peronnin.de)* et l'**ambassade des États-Unis** *(Pariser Platz 2 ; ne se vis. pas)*. À côté, l'atrium en verre de la **DZ Bank** abrite un ovni architectural mi-poisson… mi-tête de cheval *(Pariser Platz 3 ; entrée dans le hall autorisée)*. Voyez également la **Maison Max Liebermann**, qui accueille des expositions temporaires *(Pariser Platz 7 ☎ 22.63.30.30 ; ouv. durant les expositions ; entrée : prix variable selon l'exposition)*.

L'Académie des Beaux-Arts

Akademie der Künste

Pariser Platz 4 ☎ 20.05.70.10.00, www.adk.de. Exp. temporaires, ouv. t.l.j.

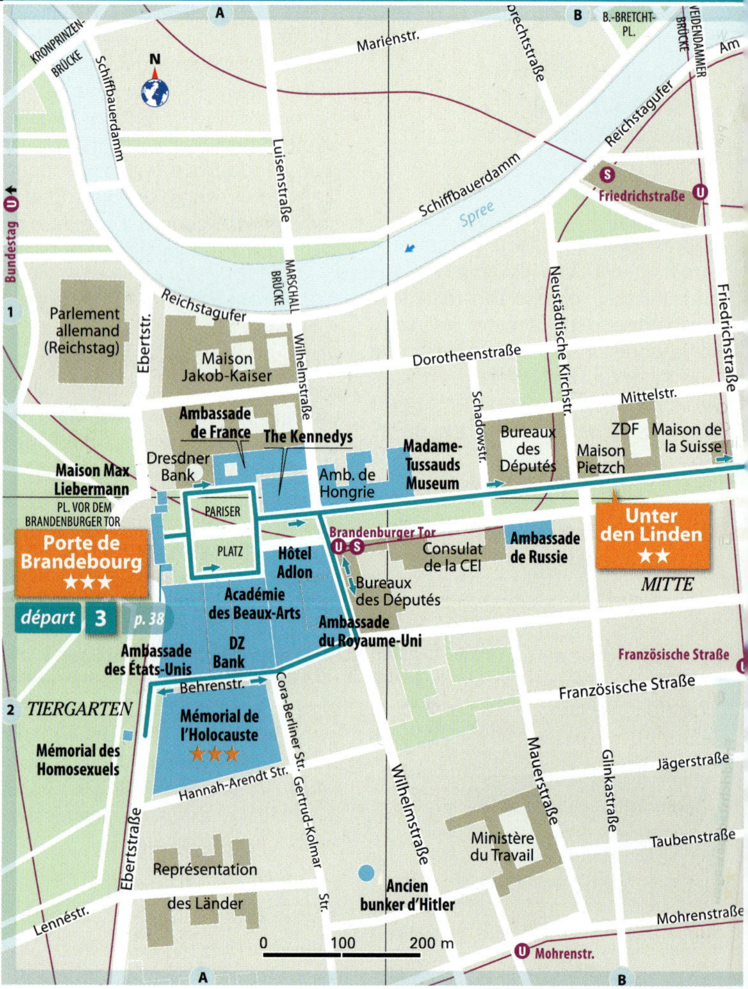
A
B
N
Marienstr.
KRONPRINZEN-BRÜCKE
Schiffbauerdamm
B.-BRETCHT-PL.
WEIDENDAMMER BRÜCKE
Am
Reichstagufer
Luisenstraße
Friedrichstraße
Spree
Bundestag
1
Parlement allemand (Reichstag)
Ebertstr.
MARSCHALL BRÜCKE
Neustädtische Kirchstr.
Maison Jakob-Kaiser
Wilhelmstraße
Dorotheenstraße
Schadowstr.
Mittelstr.
Ambassade de France
The Kennedys
Madame-Tussauds Museum
Bureaux des Députés
ZDF
Maison de la Suisse
Maison Pietzch
Maison Max Liebermann
Dresdner Bank
Amb. de Hongrie
PL. VOR DEM BRANDENBURGER TOR
PARISER
PLATZ
Brandenburger Tor
Consulat de la CEI
Ambassade de Russie
Unter den Linden ★★
MITTE
Porte de Brandebourg ★★★
départ 3 p. 38
Hôtel Adlon
Académie des Beaux-Arts
Bureaux des Députés
Ambassade du Royaume-Uni
DZ Bank
Ambassade des États-Unis
Französische Straße
Behrenstr.
Cora-Berliner Str.
2
TIERGARTEN
Mémorial de l'Holocauste ★★★
Mémorial des Homosexuels
Hannah-Arendt Str.
Gertrud-Kolmar Str.
Mauerstraße
Glinkastraße
Jägerstraße
Ebertstraße
Ministère du Travail
Taubenstraße
Représentation des Länder
Ancien bunker d'Hitler
Lennéstr.
Mohrenstraße
0
100
200 m
Mohrenstr.

C
D
Weidendamm
Am Kupfergraben
Bode Museum
Pergamon Museum
Alte Nationalgalerie
Neues Museum
Burgstr.
Burgstr.
FRIEDR. BRÜCKE
Geschwister Scholl Str.
Planckstr.
Georgenstraße
Dorotheenstraße
Bodestr.
Altes Museum
Spree
Charlottenstr.
Cathédrale de Berlin
Lustgarten
Karl Liebknecht Straße
Universitädsstr.
Université Humboldt
Bibliothèque nationale
PL. DES 18 MÄRZ
Deutsches Historisches Museum
Nouveau corps de garde
Centre de commerce international
Forum Humboldt
SCHLOß-BRÜCKE
SCHLOßPLATZ
Palais des Princes héritiers
Statue de Frédéric II
Ancien Palais
Opéra national allemand
BEBEL PL.
Musée Guggenheim
Lindencorso
Ancienne Bibliothèque
La Bibliothèque engloutie
Schinkel Pavillon
Niederlagstraße
Unterwasserstr.
Rathausstr.
Oberwallstraße
Behrenstraße
Hofgarten
Cathédrale Ste-Edwige
Werderstraße
Huguenotten-Museum
Französische Straße
Ministère des Affaires étrangères
Friedrichsgraht
Église française
Quartier 207
Jägerstraße
GENDARMEN MARKT
Markgrafenstraße
Kurstraße
Friedrichstadtpassagen
Quartier 206
Konzerthaus
Hausvogteiplatz
HAUSVOGTEI-PL.
Niederwallstraße
Quartier 205
Église allemande
Mohrenstraße
Stadtmitte
Kronenstraße

10 h-22 h. Entrée : prix variable selon l'exposition.

Construite en 2005, elle arbore une immense façade en verre qui abrite les « reliques » de l'Académie de 1905.

L'hôtel Adlon

Unter den Linden 77 ; juste à côté de l'Académie des Beaux-Arts.

Cet hôtel fastueux, inauguré en 1997, est la copie du palace d'origine (1907) fréquenté par Charlie Chaplin, Albert Einstein et Greta Garbo.

L'ambassade du Royaume-Uni

Wilhelmstraße 70-71 ; un peu en retrait de la place. Ne se visite pas.

Cet étonnant bâtiment déploie une façade en grès rouge interrompue par une verrière trapézoïdale de couleur bleue… tel un livre sorti sur le rayonnage d'une bibliothèque.

PAUSE EN TERRASSE

Avec sa belle terrasse près de la porte de Brandebourg, le **Café LebensArt** est idéal pour un café ou un repas léger. Pour admirer tranquillement l'architecture des bâtiments alentour…

➤ ***Plan p. 40-41 / A2 – Café LebensArt**, Unter den Linden 69a ☎ 44.72.19.30, www.cafe-lebensart.de. Ouv. dim.-jeu. 9 h-minuit, ven.-sam. 9 h-1 h.*

Le mémorial de l'Holocauste★★★

Stiftung Denkmal für die ermordeten Juden Europas

***Plan p. 40-41 / A2** – Cora-Berliner Straße 1 ☎ 74.07.41.29.29. Site extérieur ouv. t.l.j. 24 h/24, intérieur t.l.j. (sauf lun.) 10 h-20 h (19 h en hiver). Entrée gratuite.*

Conçu par le New-Yorkais Peter Eisenman, ce champ hérissé de 2711 stèles de béton a été inauguré en 2005 après plus de 15 ans de polémiques. À quelques mètres de la porte de Brandebourg, le visiteur pénètre dans cet univers minéral et labyrinthique, qui finit par l'envahir de tous côtés. Un parcours initiatique symbolique, aussi bouleversant que solennel… à 200 m de l'**ancien bunker d'Hitler**, dynamité en 1989 par la RDA *(panneau sur la Gertrud-Kolmar-Straße)*. Le sous-sol abrite un centre d'information sur la Shoah.

Le mémorial des Homosexuels

Homosexuellen Denkmal

***Plan p. 40-41 / A2** – Friedrich-Ebertstraße.*

Depuis mai 2008, en bordure du parc de Tiergarten, un bloc de béton de 5 m de haut commémore les souffrances infligées aux « triangles roses » par le régime hitlérien, qui persécuta, tortura ou déporta 50 000 d'entre eux. Une fenêtre ouverte dans le bloc permet de voir l'image vidéo de 2 hommes s'embrassant à l'infini, tandis qu'un texte gravé sur le béton rappelle que « dans beaucoup d'endroits du monde [...] un baiser peut signifier un danger ».

Madame-Tussauds Museum

Plan p. 40-41 / B1 – Unter den Linden 74 ☎ 80.554.58.00, www.madametussauds.com. Ouv. t.l.j 10h-19h (20 h août) Entrée : 23 €, 13,50 € en ligne

L'ancienne ambassade de Pologne héberge désormais le **musée Madame-Tussauds** tandis qu'un peu plus haut, sur le trottoir d'en face (nos 63-65), la très stalinienne **ambassade de Russie** *(ne se visite pas)*, palais de marbre blanc aux proportions monumentales, conserve sa vocation diplomatique.

La Bibliothèque nationale

Deutsche Staatsbibliothek

Plan p. 40-41 / C1 – Unter den Linden 8 ☎ 266.43.36.66, www.staatsbibliothek-berlin.de. Ouv. lun.-ven. 9 h-21 h, sam. 9 h-19 h. Visite payante 1er sam. du mois à 10 h 30. Entrée : - de 5 € ; autre option : carte de lecteur pour la journée, 0,50 €.

Fondée en 1661, elle totalise près de 12 millions de volumes avec sa benjamine, la « Stabi » *(p. 36)*. C'est dans cet **édifice néobaroque** (1914) qu'est conservée la partition de la *9e symphonie* de Beethoven.

L'université Humboldt

Humboldt Universität

Plan p. 40-41 / C1 – Unter den Linden 6, juste à côté. Possibilité d'entrer dans le hall.

Installée dans un palais du XVIIIe s., la plus ancienne université de Berlin (1810), qui porte le nom d'un linguiste éminent, a reçu entre ses murs Hegel, Schopenhauer et Marx.

Le nouveau corps de garde*

Neue Wache

Plan p. 40-41 / C1 – Unter den Linden 4. Ouv. t.l.j. 10 h-18 h. Entrée libre.

Le tout premier bâtiment dessiné par le grand Schinkel (1818) est transformé en **mémorial aux « victimes de la guerre et de la dictature »**. La salle de recueillement abrite une bouleversante reproduction de *La Mère et son fils mort*, œuvre de Käthe Kollwitz datée de 1937.

Deutsches Historisches Museum**

Le musée de l'Histoire allemande

Plan p. 40-41 / D1 – Unter den Linden 2 ☎ 20.30. 44.44, www.dhm.de. Ouv. t.l.j. 10 h-18 h. Entrée : 8 €.

Installé dans l'ancien arsenal – superbe bâtiment baroque de la fin du XVIIe s. –, ce musée de haute volée retrace toute l'histoire allemande, du haut Moyen Âge à nos jours. Le musée possède plus de 900 000 objets, documents ou films historiques. On découvre, par exemple, une extraordinaire tente turque « confisquée » en 1683. Dans les sections présentant l'époque contemporaine, outre les passionnants documents relatant la montée du nazisme, ne manquez pas les salles qui retracent, en parallèle, la vie quotidienne dans les deux Allemagne, RFA et RDA. À l'arrière, admirez l'éblouissante extension en verre, conçue en 1992 par Ieoh Ming Pei (l'auteur de la pyramide du Louvre), dans laquelle des expositions temporaires prennent place.

LE FORUM FRIDERICIANUM

Centre intellectuel et artistique « rêvé » par Frédéric II, le forum Fridericianum devait très largement rayonner autour de la Bebelplatz. Las ! le coût des conquêtes militaires ont fait revoir ces projets grandioses à la baisse. Depuis 1947, l'ancien forum Fridericianum porte le nom du socialiste allemand Auguste Bebel (1840-1913).

Le palais des Princes héritiers

Kronprinzenpalais

Plan p. 40-41 / D1 – Unter den Linden 3. Ne se vis. pas.

Le palais de style néoclassique, construit au milieu du XVIIe s., fut la résidence des héritiers du trône jusqu'à l'abolition de la monarchie. Il a servi de cadre à la signature du **traité d'unification** de l'Allemagne, le 31 août 1990.

➤ Autour de Bebelplatz

Plan p. 40-41 / C1-2 – U6 Französische Straße.

L'Opéra national allemand*

Deutsche Staatsoper

Unter den Linden 7 ☎ 20.35.44.38, www.staatsoper-berlin.de ; bâtiment en rénovation complète, réouverture prévue en 2017.

C'est la perle du forum Fridericianum et l'unique bâtiment conçu dans le cadre de ce projet *(encadré ci-contre)*. Au nord du forum, trônant au centre d'Unter den Linden, la **statue équestre de Frédéric II** avait été exilée à Potsdam du temps de la RDA.

La cathédrale Sainte-Edwige*

St Hedwigs-Kathedrale

Behrenstraße 39, au S. Ouv. lun.-sam. 10 h-17 h, dim. 13 h-17 h. Entrée gratuite.

L'édifice de J. Legeay et J. Bouman (1773), inspiré du Panthéon de Rome, fut le seul sanctuaire catholique de Berlin jusqu'à la moitié du XIXe s.

La Bibliothèque engloutie★

Versunkene Bibliothek

Au centre de la place.

Cette œuvre « plongeante » de Micha Ullman (1995) commémore l'autodafé du 10 mai 1933 qui réduisit en cendres 20 000 livres « étrangers à l'esprit allemand ».

Près de *La Bibliothèque engloutie*, l'ex-banque nationale de la RDA s'est convertie depuis 2006 en palace : l'hôtel de Rome. À l'ouest, l'**Ancienne Bibliothèque** (1780) et l'**Ancien Palais** (1835) sont tous les deux occupés par l'université Humboldt.

➤ Gendarmenmarkt★★

***Plan p. 40-41 / C2** – U2 Stadtmitte ou U6 Französische Straße.*

Dominée par un admirable trio architectural, la place – chef-d'œuvre néoclassique aux proportions majestueuses – doit son nom au régiment des « gens d'armes » qui s'y était établi au XVIIIe s.

L'Église française★★

Französischer Dom

Au n° 5 de la place ☎ 494.53.79. Ouv. t.l.j. 10 h-19 h (10 h 30-18 h 30 en hiver). Entrée gratuite.

Édifiée en 1705, cette église est le lieu phare du protestantisme français depuis le temps des huguenots, « expulsés » par Louis XIV. Après 254 marches, le clocher offre un superbe **panorama**, transcendé par le son du carillon *(t.l.j. 12 h, 15 h et 19 h ; entrée : 3 €)*. Ne manquez pas les **concerts d'orgue gratuits** et faites un tour au **Hugenotten-Museum** *(☎ 229.17.60 ; ouv. mar.-dim. 12 h-17 h ; entrée : - de 5 €)* !

> Lire aussi la balade secrète : Les Huguenots, une balade historique p. 60.

Le Konzerthaus**

Au n° 2 de la place ☎ 20.309.23.43, www.konzerthaus.de. Visite guidée payante sam. 13 h. Entrée visite : - de 5 €.

Le majestueux Konzerthaus, œuvre de Schinkel (1821) ornée de statues de Tieck, accueille l'orchestre symphonique de Berlin.

L'Église allemande**

Deutscher Dom

Au n° 1 de la place ☎ 22.73.04.31. Ouv. mar.-dim. : oct.-avr. 10 h-18 h ; mai-sept. : 10 h-19 h. Entrée et visite gratuites.

Sœur jumelle de l'Église française bâtie d'après les plans de Martin Grünberg (1708), elle abrite une exposition sur l'histoire parlementaire allemande.

Friedrichstadtpassagen**

Friedrichstraße 66-75 ☎ 20.94.80 et 20.94.68.00. Ouv. Gal. Laf. lun.-sam. 10 h-20 h ; ouv. Quartier 206 lun.-ven. 10 h 30-19 h 30, sam. 10 h-18 h.

Ne ratez pas ces extraordinaires passages : trois galeries commerçantes haut de gamme bâties dans les années 1990 entre la Französische Straße et la Mohrenstraße. Le Quartier 205 n'est pas le plus remarquable architecturalement. En revanche, admirez le hall en marbre Art déco du **Quartier 206**, imaginé par Ieoh Ming Pei, et le cône en verre du **Quartier 207** (dans lequel sont installées les Galeries Lafayette) conçu par Jean Nouvel.

Le Quartier 207

4 L'île des Musées

La porte de l'Agora de Milet au Pergamon Museum

Cinq édifices imposants sur un tout petit kilomètre carré cerné par la Spree : l'île des Musées – classée au patrimoine mondial de l'Unesco depuis 1999 – est à la fois une malle aux trésors totalisant 6 000 ans d'histoire et le plus grand chantier culturel d'Europe. Cruellement endommagé pendant la Seconde Guerre mondiale, le site est en cours de réaménagement (jusqu'en 2018).

- **Point de départ :** le Bode Museum.
- **À ne pas manquer :** le Pergamon Museum, le Neues Museum et l'Alte Nationalgalerie.
- **Plan :** p. 49
- **Carnet d'adresses :** p. 158.

➤ Bode Museum★★

Musée Bode

***Plan p. 49 / A1** – Monbijou-Brücke, U6 et S1, S2, S5, S7 Friedrichstraße. Ouv. mar.-dim. 10 h-18 h (22 h jeu.). Entrée : 10 €.*

Ce musée accueille 2 000 œuvres d'art de l'Antiquité au XIXe s. Citons, dans la **section byzantine,** la reconstitution d'une **mosaïque de Ravenne.** La **collection de sculptures**, très riche, permet de contempler les maîtres italiens de la Renaissance, les chefs-d'œuvre du gothique allemand et les classiques français. Quant au **cabinet des Monnaies et Médailles**, l'un des plus riches du monde, il abrite plus de 500 000 pièces issues des collections privées des Princes électeurs de Brandebourg.

EN PRATIQUE

N° commun aux musées : ☎ 266.42.42.42 et rés. recommandée sur www.smb.museum. Optez pour le billet cumulé valable toute la journée en vente dans chacun des musées. Le **Museum Pass** offre la gratuité sur tous les musées de l'île pendant 3 jours *(24 €, voir p. 214).* L'une des variantes de la WelcomeCard, **WelcomeCard Museum Insel**, donne accès à un adulte et à un enfant aux musées de l'île et aux transports publics pendant 72 h *(41 € zones ABC).*

➤ Pergamon Museum★★★

Musée de Pergame

***Plan p. 49 / A1** – Bodestraße 1-3, U6 et S1, S2, S5, S7 Friedrichstraße. Ouv. t.l.j. 10 h-18 h (20 h jeu.). Entrée: 12 €. Audiotour gratuit en français. Musée en travaux : salle de l'autel de Pergame fermée au public.*

Créé expressément pour accueillir des **reconstitutions d'édifices antiques**, ce bâtiment néoclassique renferme trois musées distincts aux ambitions superlatives.

Antikensammlung

Collection des Antiquités

R.-d.-c.

Elle présente 12 siècles d'histoire et des pièces monumentales qui laissent pantois. La **porte de l'Agora de Milet** (120 apr. J.-C.), haute de 17 m, constituait le cœur d'une cité détruite vers l'an 1100 apr. J.-C. En travaux jusqu'en 2020, la salle de l'**autel de Pergame** est malheureusement fermée au public.

Vorderasiatisches Museum

Musée des Antiquités du Proche-Orient

R.-d.-c. ; aile sud.

Les splendeurs de la Mésopotamie, exhumées de 1888 à 1931, sont mises en scène fastueusement : la **porte d'Ishtar** et la **voie procession-nelle de Babylone**, surgies du temps de Nabuchodonosor II (605-562), déroulent leur céramique turquoise et leur fabuleux bestiaire (dragons, taureaux et lions). Également plusieurs salles présentant des statuettes et objets mésopotamiens, bijoux, outils, poteries, miroirs, etc.

Museum für Islamische Kunst

Musée d'Art islamique

1er étage.

Moins imposant que les deux autres musées, il abrite tout de même l'impressionnante **façade du château omeyyade de Mschatta** (VIIIe s.), cadeau du sultan ottoman Abdülhamid II à l'empereur Guillaume II.

➤ Neues Museum★★★

Nouveau Musée

Plan p. 49 / A1 *– Bodestrasse 1-3, U6 et S1, S2, S5, S7 Friedrichstraße. Ouv. t.l.j. 10h-18h (20h jeu.). Entrée : 12 €.*

Bombardé par les alliés durant la Seconde Guerre mondiale, cet élégant édifice bâti en 1859 a été restauré en 2009 sous la houlette du Britannique David Chipperfield.

ENFIN RÉUNIES !

Au lendemain de la Seconde Guerre mondiale, Américains et Soviétiques se partagent le « butin » de l'île. Les pièces antiques – tombées dans l'escarcelle de l'Ouest – voyagent de Wiesbaden au musée berlinois de Charlottenburg ; les œuvres passées à l'Est transitent par Leningrad, Kiev et Moscou. Avec la réunification, les collections fêtent enfin leurs retrouvailles.

Le sous-sol

Il expose, dans la pénombre, des statues Dogon et des statuettes Mayas.

Le 1er étage

C'est ici que **Néfertiti**, star incontestée des musées berlinois, s'offre à l'admiration des visiteurs. Le reste du trésor égyptien est à l'avenant : admirez le superbe relief de la **reine Tiyi**, épouse d'Amenophis III, et l'extraordinaire **collection de papyrus**.

Le 2e étage

Il abrite les merveilles de la protohistoire et de la préhistoire. Parmi les pièces les plus insolites : une coiffe rituelle conique du sud de l'Allemagne vieille de 3 000 ans !

➤ Alte Nationalgalerie★★★

Ancienne Galerie nationale

Plan p. 49 / A1 *– Bodestraße 1-3, au N-O du Neues Museum, U6 et S1, S2, S5, S7 Friedrichstraße. Ouv. mar.-dim. 10h-18h (20h jeu.). Entrée : 12 €.*

Cet écrin de grès rouge abrite des peintures et des sculptures du XIXe s.

Le 1er étage

Il accorde une belle place (70 toiles) au peintre pré-impressionniste Adolph von Menzel (1815-1905). Admirez le ***Concert de flûtes de Frédéric II à Sans-Souci*** ou, dans une veine plus réaliste, ***Le Laminoir***, bouleversante illustration de la révolution industrielle.

Le 2e étage

Il nous ferait bien pousser un petit « cocorico ! » La fine fleur de l'impressionnisme français (Manet, Renoir, Monet…) rivalise de beauté avec le réalisme d'outre-Rhin (Max Liebermann, Wilhelm Leibl…).

Le 3e étage

Il s'offre aux tourments romantiques des peintres **Carl Blechen** et **Caspar David Friedrich** : la mélancolie germanique à son firmament !

➤ Altes Museum★★

Ancien Musée

Plan p. 49 / A1 – Am Lustgarten, au S de l'île des Musées. Ouv. mar.-dim. 10 h-18 h (20 h jeu.). Entrée : 10 €.

Vous pénétrez ici dans le **temple de l'art antique.** Conçu en 1830, le plus ancien musée d'Allemagne (avec la pinacothèque de Munich) s'ordonne autour d'une imposante **rotonde** inspirée du Panthéon romain.

Le rez-de-chaussée

Consacré aux civilisations grecque et romaine, il abrite d'admirables pièces telles que le célèbre bronze du **Jeune Garçon implorant** vieux de 2 300 ans et l'**argenterie romaine** de l'époque d'Auguste (50 av. J.-C.).

L'étage

Dédié entre autres à l'art étrusque, il recèle le tombeau d'un guerrier du VIIIe s. avant J.-C. découvert dans le Latium, à Tarquinia. Autres trésors : des urnes funéraires en chaux ou en terre cuite, dont certaines imitent la forme humaine.

➤ Lustgarten

Plan p. 49 / A2 – Entre l'Altes Museum au N et la Karl-Liebknecht-Straße au S. S5, S7, S75, S9 Hackescher Markt.

Tour à tour jardin potager (XVIIe s.), place d'armes réquisitionnée par l'armée du Roi-Sergent (XVIIIe s.) et lieu d'agrément (XIXe s.), cette vaste esplanade est investie par les militaires tout au long du XXe s. avant de retrouver sa vocation de jardin de plaisance depuis 1999.

➤ La cathédrale de Berlin★

Berliner Dom

Plan p. 49 / AB1-2 – Am Lustgarten. S5, S7, S75, S9 Hackescher Markt ☎ 20.26.91.52, www.berlinerdom.de. Ouv. lun.-sam. 9 h-20 h, dim. 12 h-20 h

(19 h en hiver). Entrée : 7 €. Visites guidées t.l.j. sf dim. ☎ 20.26.91.19. Concerts d'orgue pendant la messe et à 20 h tous les ven. en juil. ☎ 20.26.91.36.

Construit de 1894 à 1905 à l'initiative du kaiser Guillaume II, ce monument à la gloire des Prussiens et du protestantisme a également subi les injures de la guerre. Reconstruit dans des proportions plus modestes à partir de 1975, il conserve de belles mosaïques et des peintures sur verre d'**Anton von Werner** (1843-1915). Admirez l'**orgue** de 1904 qui comprend 4 claviers et 113 jeux et visitez la **crypte.** Celle-ci réunit 95 sarcophages et abrite la quasi-totalité des Hohenzollern *(encadré p. 191)*. Étoiles de ce gotha d'outre-tombe : Frédéric Ier de Prusse (1657-1713) et Sophie-Charlotte de Hanovre (1668-1705).

Achevez la visite dans la galerie de la coupole, d'où vous aurez une très belle vue sur Mitte.

PIZZAS *MADE IN* BERLIN

Ne vous attendez pas à trouver au **Zwölf Apostel** (littéralement, douze apôtres) des nourritures spirituelles ! Cette institution berlinoise située sous les arcades du S-Bahn offre de roboratives pizzas cuites au feu de bois.
➤ ***Plan p. 49 / Hors pl. par A1 – Zwölf Apostel**, Georgenstraße 2 à l'angle d'Am Kupfergraben, U6 et S1, S2, S5, S7 Friedrichstraße ☎ 201.02.22. Ouv. dim.-jeu. 11 h-minuit, ven.-dim. 11 h-1 h. À partir de 10 €.*

➤ Forum Humboldt

***Plan p. 49 / B2** – Vue panoramique du chantier au sein de la Humboldt Box, Schloßplatz 5, U2 Spittelmarkt ☎ 18.05.03.07.07. Ouv. t.l.j. 10 h-19 h. Entrée : 3 €.*

De 1443 à 1918 se dressait ici, face à l'actuel DomAquaree *(p. 67)*, la **résidence des rois de Prusse.** Endommagé par la guerre, l'édifice est remplacé par le **palais de la République,** cube en verre abritant la Chambre du peuple. Après de vives polémiques, Berlin réunifiée finit par avoir la « peau » du palais communiste… Le chantier du **château des Hohenzollern** avance lentement mais devrait sortir de terre d'ici 2019, pour abriter le **Forum Humboldt**, un grand centre culturel.

De l'autre côté du chantier, la façade en briques et en verre de l'**ancien Conseil d'État de la RDA** intègre le seul et unique vestige du château d'origine : le balcon « révolutionnaire » du haut duquel le communiste Karl Liebknecht proclame le 9 novembre 1918 la libre république socialiste d'Allemagne *(p. 190)*.

5 Autour de Dorotheenstadt

Le Berliner Ensemble (à droite)

Ce quartier du nord de la ville – baptisé au XVIIe s. en hommage à l'épouse du Grand Électeur, Sophie-Dorothée de Holstein – connaît un véritable essor industriel à la fin du XIXe s. Fréquenté par les ouvriers et les étudiants en médecine, il est la source d'inspiration d'un certain Bertolt Brecht. Il a longtemps conservé un petit air de faubourg hors du temps, que l'inauguration de la gare Hauptbahnhof en 2006, la plus grande d'Europe, a commencé à compromettre.

- **Point de départ :** Admiralspalast.
- **À ne pas manquer :** le Hamburger Bahnhof-Museum für Gegenwart.
- **Plan :** p. 55
- **Carnet d'adresses :** p. 158.

➤ Le palais des Larmes

Tränenpalast

***Plan p. 55 / B2** – Reichstagufer 17, U6 et S1, S2, S5, S7 Friedrichstraße ☎ 467.77.79. Ouv. mar.-ven. 9 h-19 h, sam.-dim. 10 h-18 h. Entrée gratuite.*

Axe central de communication depuis 1882, la gare de Friedrichstraße constituait avec le célèbre Checkpoint Charlie *(p. 78)* le seul point de passage vers l'Est ouvert aux étrangers.

Trente deutsche marks et la promesse de rentrer avant minuit : voilà ce qu'il en coûtait à un Allemand de l'Ouest désireux de passer une journée à l'Est. De l'autre côté du rideau de fer, seuls les retraités est-allemands pouvaient franchir la frontière une fois par an. Pendant 28 ans, le poste-frontière de la station Friedrichstraße a vu tant d'adieux déchirants qu'on lui a donné le nom de «**palais des Larmes**». Converti après 1989 en salle de concert, l'ancien corridor Est-Ouest a fermé ses portes en 2006… pour rouvrir en septembre 2011 sous la forme d'un musée évoquant la vie quotidienne dans l'Allemagne divisée.

➤ Admiralspalast (Theater)*

***Plan p. 55 / B2** – Friedrichstraße 101, U6 et S1, S2, S5, S7 Friedrichstraße ☎ 47.99.74.99. Billetterie t.l.j. 10 h-18 h.*

Ce monument Jugendstil (Art nouveau) épargné par les bombes, a traversé un siècle de festivités. Successivement patinoire, salle de bal, casino, théâtre et cinéma, le **temple du music-hall** a même eu un destin politique aussi bref que décisif : le 21 avril 1946, c'est ici que le parti communiste (KPD) et le parti socialiste (SPD) de la future RDA ont fusionné en Parti socialiste unifié d'Allemagne (SED).

➤ Berliner Ensemble

***Plan p. 55 / B2** – Bertolt-Brecht-Platz 1, U6 et S1, S2, S5, S7 Friedrichstraße ☎ 28.40.81.55, www.berliner-ensemble.de. Billetterie lun.-ven. 8 h-18 h, sam.-dim. et j.f. 11 h-18 h.*

Des succès retentissants et des scandales flamboyants ont fait la renommée de ce théâtre, le plus célèbre d'Allemagne, chapeauté par le grand précurseur Max Reinhardt au début du XXe s. C'est ici que *L'Opéra de quat'sous* de Bertolt Brecht renouvela la conception de l'art dramatique en 1928. Vingt ans plus tard, en 1949, le triomphe de *Mère Courage et ses enfants* fut tel que les autorités de la RDA confièrent les clefs du théâtre à Brecht et à son épouse. Le «maître» s'est éteint en 1956, mais la programmation du théâtre lui rend toujours hommage.

Autour de Dorotheenstadt

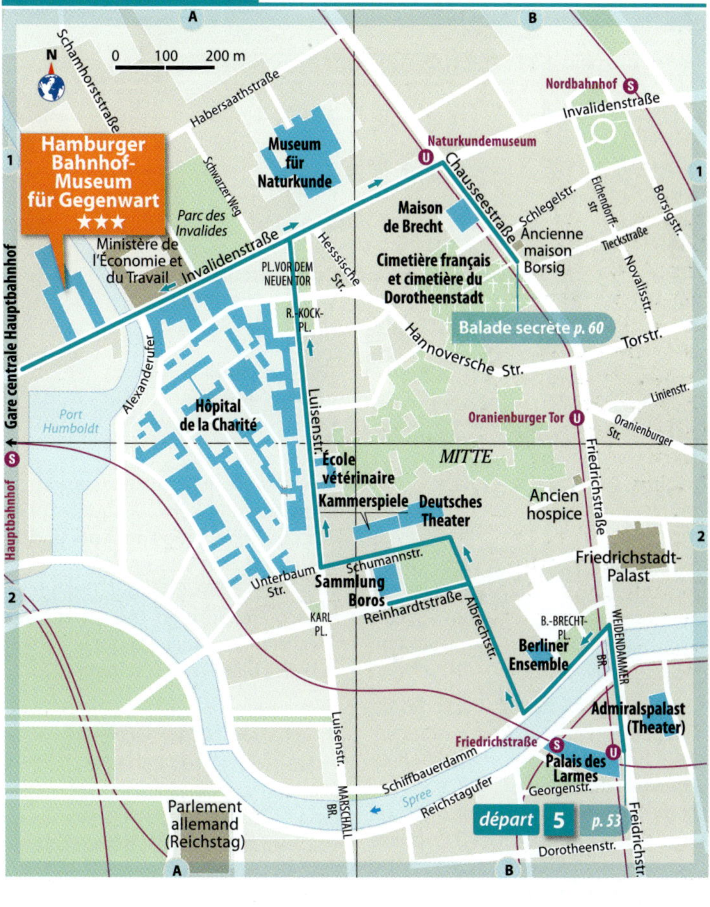

La Sammlung Boros

➤ Sammlung Boros*

Plan p. 55 / B2 *– Rheinhardstraße 20, U6 et S1, S2, S5, S7 Friedrichstraße ☎ 27.59.40.65. Visite de la collection d'art contemporain jeu. 15 h-16 h 30, ven. 14 h-16 h 30, sam.-dim. 10 h-16 h uniquement sur rés. sur www.sammlung-boros.de. Entrée : 12 €.*

Acquis en 2003 par le couple Boros, collectionneurs d'art contemporain, cet impressionnant ***hochbunker*** (« bunker de surface ») est sorti du sol en 1943. Après la guerre, il sert de **siège aux services du NKVD** (la police politique soviétique), avant d'être reconverti en entrepôt de fruits et légumes – ce qui lui vaut le surnom de « **Bananen-Bunker** ». Jusqu'en 1996, il accueille la **scène techno underground** et doit sa sauvegarde à son indestructibilité. C'est aujourd'hui un espace d'exposition mêlant œuvres spécialement conçues pour le bunker et belles pièces d'art contemporain.

➤ Deutsches Theater et Kammerspiele

Plan p. 55 / B2 *– Schumannstraße 13a, U6 et S1, S2, S5, S7 Friedrichstraße ☎ 28.44.12.25. www.deutschestheater.de. Billetterie lun.-sam. 11 h-18 h 30, dim. et j.f. 15 h-18 h 30.*

Ces deux institutions, « posées » sur une placette en retrait, ont une vocation un peu différente : le **Deutsches Theater** (1883), premier théâtre parlé de la ville longtemps dirigé par Max Reinhardt (1905-1932), revisite les classiques, tandis que le petit **Kammerspiele** (« studio-théâtre ») explore des formes plus novatrices.

➤ L'hôpital de la Charité

Charité Universitäts Klinikum

***Plan p. 55 / AB1** – Charitéplatz 1, U6 Naturkundemuseum et S5, S7, S9, S75 Hauptbahnhof ☎ 450.53.61.22. Ouv. mar. et jeu.-ven. 10 h-17 h, mer. et sam. 10 h-19 h. Entrée : 7 €.*

L'**hôpital de la Charité**, qui conserve quelques bâtiments historiques, s'est construit autour d'un ancien lazaret du début du XVIIIe s. Ce complexe abrite le **Berliner Medizinhistorisches Museum** (musée de la Médecine), issu de la collection particulière du Dr Virchow : des organes en tout genre flottant dans le formol… Pour les cœurs bien accrochés !

➤ L'École vétérinaire

Tierarztschule

***Plan p. 55 / A2** – Luisenstraße 56, U6 Naturkundemuseum et S5, S7, S9, S75 Hauptbahnhof. F. pendant les vacances universitaires.*

Dans la charmante cour de l'**École vétérinaire** s'élève le **Théâtre d'anatomie** *(Tieranatomisches Theater, mar.-sam. 14 h-18 h, entrée gratuite)* bâti en 1790 par Carl Gotthard Langhans (l'auteur de la porte de Brandebourg). Fraîchement restauré, le grand auditorium chapeauté par un dôme manque encore de patine.

➤ Hamburger Bahnhof-Museum für Gegenwart★★★

Musée d'Art contemporain

***Plan p. 55 / A1** – Invalidenstraße 50-51, U6 Naturkundemuseum et S5, S7, S9, S75 Hauptbahnhof ☎ 266.42.42.42,*

PAUSE GOURMANDE

Niché dans le musée d'art contemporain, l'élégant café-restaurant **Sarah Wiener** (de tendance autrichienne) appartient à une vedette du petit écran. Sur ARTE, la Berlinoise d'origine viennoise s'est fait une spécialité… de s'emparer des recettes des autres, en France, en Italie…

*➤ **Plan p. 55 / A1 – Café-restaurant Sarah Wiener**, dans le Hamburger Bahnhof-Museum für Gegenwart ☎ 70.71.36.50, www.sarahwiener.de. Ouv. mar.-mer. 10 h-18 h, ven. 10 h-23 h, sam.-dim. 11 h-18 h.*

www.smb.museum.de. Ouv. mar.-dim. 10 h-18 h (20 h jeu.). Entrée : 10 €.

Aménagé par Josef Paul Kleihues dans une gare désaffectée (1874), ce splendide musée commence là où la Neue Nationalgalerie *(p. 36)* du forum de la Culture s'arrête : les années 1950. Si « l'homme au chapeau de feutre », l'Allemand **Joseph Beuys** (1921-1986), est à l'honneur dans l'aile ouest, d'autres stars internationales rythment un parcours perpétuellement modifié : Cy Twombly, Robert Rauschenberg, Andy Warhol. Ne passez pas à côté du poignant ***Das Ende des 20. Jahrhunderts*** *(« La Fin du XXe siècle »,* 1982-1983), composé de 21 blocs de basalte éparpillés dans une salle blanche.

Le bâtiment atteint un sommet d'élégance quand sa façade s'illumine.

➤ La gare centrale Hauptbahnhof*

Plan p. 55 / Hors pl. par A1 *– S5, S7, S9, S75 Hauptbahnhof.*

5 niveaux, 55 escalators, 34 ascenseurs, 300 000 passagers… et 700 millions d'euros engloutis dans un projet pharaonique. Inaugurée en 2006, **la plus grande gare d'Europe,** immense cathédrale de verre, fait de Berlin la nouvelle capitale de la Mitteleuropa.

Hamburger Bahnhof-Museum für Gegenwart

➤ Museum für Naturkunde*

Musée d'Histoire naturelle

***Plan p. 55 / A1** – Invalidenstraße 43, U6 Naturkundemuseum ☎ 20.93.85.91. www.naturkundemuseum-berlin.de. Ouv. mar.-ven. 9 h 30-18 h, sam.-dim. 10 h-18 h. Entrée : 6 €. Vis. guidée en fr. (prix d'entrée inclus) 45 min (4 €) ou 1 h (après la fermeture, 15 €).*

Un *Brachiosaurus brancai* de 23 m de long et un fossile d'archéoptéryx, un oiseau rarissime dont on ne connaît que six congénères dans le monde, et plusieurs dizaines de milliers d'archives sonores animales.

➤ La maison de Brecht*

Brecht-Weigel-Gedenkstätte

***Plan p. 55 / A2** – Chausseestraße 125, U6 Naturkundemuseum ☎ 200.57.18.44. Ouv. mar. et sam. 10 h-15 h 30, mer. et ven. 10 h-11 h 30, jeu. 10 h-18 h 30, dim. 11 h-18 h. Visites en all. toutes les 30 min. Entrée : 5 €.*

C'est dans cette demeure que Bertolt Brecht, l'auteur de *L'Opéra de quat'sous,* et la comédienne Helene Weigel, son épouse, emménagèrent après leur exil américain (1933-1953). Bibliothèque (4 000 ouvrages !), salle de séjour, chambre à coucher : tout est resté en l'état !

➤ Le Cimetière français* et le cimetière de Dorotheenstadt*

Französischer Friedhof

***Plan p. 55 / A2** – Chausseestraße 126-127, U6 Naturkundemuseum. Ouv. t.l.j. de 8 h au coucher du soleil.*

Daté de 1780, le Cimetière français abrite les sépultures des huguenots du XVIIe s. et de leurs descendants. Juste à côté, l'autre cimetière, fondé en 1762, est un peu le Père-Lachaise berlinois. Parmi les « VIP », citons Brecht et son épouse, les philosophes Fichte et Hegel, les architectes Schinkel et Stüler, ou l'écrivain Heinrich Mann.

> Lire aussi la balade secrète : Les Huguenots, une balade historique p. 60.

AU PAYS DU FEU

En 1837, August Borsig, le « père » des locomotives allemandes, installe ses ateliers dans le quartier. Face à la maison de Brecht *(Chausseestraße 13)*, l'édifice néo-Renaissance de 1899 affiche encore son célèbre patronyme. Dans son sillage, d'autres usines, Schwarzkopf, Pflug…, investissent les lieux, faisant de la Dorotheenstadt le centre de l'industrie lourde berlinoise, qualifié de Feuerland (« Pays du feu »).

L'Église française, sur Gendarmenmarkt, est le lieu phare du protestantisme français

Balade secrète

Les Huguenots, une balade historique

Le 18 octobre 1685, Louis XIV révoquait l'Édit de Nantes qui octroyait la liberté de culte aux protestants en France. De l'autre côté du Rhin, la réaction fut immédiate : Frédéric-Guillaume de Brandebourg proclama l'Édit de Potsdam qui invitait les « Huguenots » à franchir la frontière. L'État leur garantissait citoyenneté, droits de propriété et juridiction autonome. Plus de 20 000 calvinistes de l'Hexagone se fixèrent dans la région de Brandebourg. À la fin du XVIIe s., un Berlinois sur trois était français.

Dans le **Cimetière français** *(p. 59)*, fondé en 1780, repose Jean-Pierre Frédéric Ancillon (1767-1837), précepteur du Prince et ministre des Affaires étrangères. Jusqu'en 1945, le cimetière était réservé aux paroissiens de l'Église réformée française.

Descendez la Chausseestraße jusqu'à la Friedrichstraße. De l'**Ancien hospice** *(Friedrichstraße 129, U6 Oranienburger Tor)* pour les enfants et les pauvres, fondé par les Huguenots, il ne reste qu'une ombre sur un mur.

Poursuivez sur la Friedrichstraße et tournez à g. sur Unter den Linden. C'est à l'emplacement de l'**ancien palais Wangenheim** *(Niederlagstraße 1-2, U6 Französische Straße)* qu'était situé le Collège français. Désormais au n° 7 de la Derfflingerstraße *(U3, U4, U12 Nollendorfplatz)*, l'institution a conservé le français comme langue d'enseignement.

Tournez à dr. sur la Französische Straße, puis à g. sur la Markgrafenstraße. Édifiée en 1705, l'**Église française** *(p. 45)* s'inspire du temple de Charenton détruit en 1688. À l'extérieur, un relief de George Morin illustre l'accueil de Frédéric-Guillaume. Quant au **Hugenotten-Museum** *(p. 46)*, il retrace l'épopée des réfugiés.

Prenez la Propststraße, puis le Mühlendamm, franchissez le Mühlendamm-Brücke et passez l'Insel-Brücke. Au **Märkisches Museum** *(p. 69)*, admirez l'orfèvrerie huguenote et découvrez la reconstitution du salon de François Haby, célèbre coiffeur de l'empereur Guillaume II.

DÉPART

Au Cimetière français (p. 59).

DURÉE

Environ 2 h 30 à pied ou 1 h à vélo.

À l'est toute !

À l'est, tout est nouveau ! Telle une vaste entreprise de recyclage qui convertit les friches en clubs, les entrepôts en galeries et les logis miteux en lofts de luxe, l'irrésistible *Drang nach Osten* (« poussée vers l'est ») de la fin du millénaire fait de Berlin l'une des destinations phares de l'Europe festive et noctambule. Au-dessus de toutes les têtes, la célèbre Tour de télévision devient la mascotte de la capitale décomplexée.

PRATIQUE

Restos, hôtels, shopping, activités : voir *p. 163*.
Plans : Autour d'Alexanderplatz, *p. 65*, Scheunenviertel et Prenzlauer Berg, *p. 71*, De Kreuzberg à Tempelhof, *p. 79*, L'est de Kreuzberg et Neukölln, *p. 85*, Friedrichshain, *p. 89*, Autour du Treptower Park, *p. 96-97*.

VISITES
6 à 11

À l'est toute !

Le Checkpoint Charlie

6 Autour d'Alexanderplatz

Alexanderplatz et la Tour de télévision

Demokratie jetzt oder nie ! (« Démocratie maintenant ou jamais ! »). C'est sur Alexanderplatz, le cœur incontesté de Berlin-Est, que, le 4 novembre 1989, un million de manifestants se massent pour exiger des réformes. Cinq jours plus tard, le mur tombe. Depuis la réunification, « Alex » – comme l'appellent tendrement les Berlinois – se cherche un nouveau destin. Juste à côté, contraste saisissant : le quartier Saint-Nicolas, l'un des plus anciens de la ville, vous plonge dans un Moyen Âge de carton-pâte.

- **Point de départ :** Alexanderplatz.
- **À ne pas manquer :** Alexanderplatz.
- **Plan :** p. 65.
- **Carnet d'adresses :** p. 163.

Autour d'Alexanderplatz

➤ Alexanderplatz★★

***Plan p. 65 / B1** –U2, U5, U8 et S5, S7 Alexanderplatz.*

« Alex », qui tire son nom du tsar Alexandre Ier, appartient au club très fermé des sites urbains exaltés par la littérature. Sujet du roman d'Alfred Döblin, *Berlin Alexanderplatz* (1929), cet extraordinaire centre névralgique devient le laboratoire de l'urbanisme communiste des années 1970. Pour balayer du regard la place, rendez vous au n° 7 d'Alexanderstraße : aux 12e et 15e étages de la maison du Voyage *(Haus des Reisens)* – qui abrite le très couru club The House of Weekend *(p. 168)* –, le point de vue nocturne est… à tomber !

Au sud

Deux immeubles de béton se font face : le **Berolinahaus** et l'**Alexanderhaus**, édifiés dans le style épuré de la nouvelle objectivité, sont un hommage au style rationaliste de l'Amérique de l'entre-deux-guerres.

Au niveau du Berolinahaus, la **fontaine de l'Amitié entre les peuples** *(Brunnen der Völkerfreundschaft)* est le point de rendez-vous des néopunks. Non loin de l'Alexanderhaus, l'**horloge universelle Urania** *(Weltzeituhr)* donne les fuseaux horaires des principales villes du monde.

À l'est

La **maison de l'Enseignant** (*Haus des Lehrers,* 1964) arbore une mosaïque de Walter Womacka (7 m de haut, 125 m de long) inspirée des peintures murales mexicaines, qui expose les vertus de la pédagogie.

Au nord

L'**ancienne maison de l'Électronique** *(Haus der Elektroindustrie),* désormais occupée par le ministère de l'Environnement, se présente comme un gigantesque scrabble de béton. Chaque dalle de la façade affiche une lettre monumentale. Le tout compose une citation du roman de Döblin, *Berlin Alexanderplatz*.

Le **Park Inn Hôtel**, un géant de 123 m de haut surgi des années 1970, est le premier quatre-étoiles de Berlin-Est *(p. 163)*. Pour bénéficier d'une vue panoramique à moindre prix et sans file d'attente, accédez à la terrasse de l'hôtel pour 4 € ! *(Ouv. selon la météo).*

À l'ouest

L'ex-Centrum Warenhaus, le plus grand magasin de l'ex-RDA, devient en 2006 la **Galeria Kaufhof** et troque sa façade en nid d'abeilles contre une structure en verre.

➤ La Tour de télévision★★

Fernsehturm

Plan p. 65 / A1 *– Panoramastraße 1A, étage panoramique, U2, U5, U8 et S5, S7 Alexanderplatz ☎ 242.33. 33. Ouv. t.l.j. : mars-oct. 9 h-minuit ; nov.-fév. 10 h-minuit. Entrée : + de 15 €. Souvent 2 h de queue ! Réservez en ligne pour l'éviter.*

Avant d'être l'emblème de Berlin réunifiée, cette gigantesque asperge de métal édifiée en 1969 était la fierté du régime communiste. Elle était censée défier la partie Ouest et porter très haut (368 m !) les couleurs de la technologie est-allemande. En 40 s. chrono, l'ascenseur vous propulse à 200 m au-dessus des mortels, où la **vue** est proprement inoubliable !

➤ L'église Sainte-Marie

Marienkirche

Plan p. 65 / A1 – Karl-Liebknecht-Straße 8, U2, U5, U8 Alexanderplatz et S5, S7, S75, S9 Hackescher Markt ☎ 242.44.67. Ouv. t.l.j. : avr.-oct. 10 h-18 h ; nov.-mars 10 h-16 h. Entrée gratuite.

Éclipsée par sa monumentale voisine la Tour de télévision, ce sanctuaire de 1270, deuxième église la plus ancienne de Berlin (après celle de Saint-Nicolas, *p. 68*), abrite de nombreux trésors, dont des **fonts baptismaux** en bronze de 1437 et une **chaire en albâtre** de 1703.

➤ *Le Bloc des femmes*

Block der Frauen

Plan p. 65 / A1 – À l'angle des Rosenstraße et Heidereutergasse, U2, U5, U8 Alexanderplatz et S5, S7, S75, S9 Hackescher Markt.

L'œuvre saisissante d'Ingeborg Hunzinger (1995) rend hommage aux femmes non juives qui manifestèrent, en hiver 1943, pour obtenir la libération de leurs époux juifs raflés par la Gestapo. Cet acte de bravoure – d'ailleurs couronné de succès – inspira à Margarethe von Trotta le film *Rosenstraße* (2003).

➤ Le DomAquaree

Plan p. 65 / A1 – Spandauer Straße, U2, U5, U8 Alexanderplatz et S5, S7, S75, S9 Hackescher Markt.

Ce complexe, composé de boutiques, bureaux et restaurants, accueille un époustouflant **aquarium** de 25 m de haut, visible (gratuitement) du hall du **Radisson Blu hôtel** *(Karl-Liebknecht-Straße 3)*.

➤ DDR Museum*

Plan p. 65 / A1 – Karl-Liebknecht-Straße 1, U2, U5, U8 Alexanderplatz et S5, S7, S75, S9 Hackescher Markt ☎ 847.12.37.31. Ouv. t.l.j. 10 h-20 h (22 h sam.). Entrée : 7 €.

Le long de la Spree, ce ludique musée est consacré à la vie quotidienne des ex-Berlinois de l'Est. Travail, vacances, sécurité, loisir… tous les aspects de la vie des *Ossies* y sont abordés. Voyez notamment une réplique d'appartement, un bureau d'écoute de la Stasi et la cellule d'un opposant au régime.

➤ Du Marx-Engels-Forum à l'hôtel de ville

Plan p. 65 / A1-2 – U2 Klosterstraße.

Sur ce parc inauguré en 1986, les colosses de bronze représentant **Marx** et **Engels** semblent livrés à eux-mêmes… En allant vers l'est, vous rejoignez la **fontaine de Neptune**, qui signale la Rathausplatz. En face, l'**hôtel de ville** *(Berliner Rathaus)* est le siège du Sénat de Berlin réunifiée.
De la Spandauer Straße, tournez à dr. dans Am Nußbaum où s'élève la plus vieille auberge de Berlin, **Zum Nußbaum** *(ci-contre)*.

PAUSE HISTORIQUE

Cette auberge, avec ses boiseries et ses gravures de Zille, possède un charme indéniable. Bâtie au XVIe s. sur l'île des Pêcheurs (le sud de l'île des Musées), elle fut détruite pendant la guerre et reconstruite à l'identique à son emplacement actuel. Attablez-vous en terrasse pour déguster ses spécialités allemandes.
➤ ***Plan p. 65 / A2 – Zum Nußbaum,*** *Am Nussbaum 3 ☎ 242.30.95. Ouv. t.l.j. 12 h-minuit.*

➤ Le quartier Saint-Nicolas

Nikolaiviertel

Plan p. 65 / AB2 *– U2 Klosterstraße.*

Berceau du Berlin médiéval, ce quartier, détruit par la guerre, fut reconstitué pour le 750e anniversaire de la ville (1987) par les autorités est-allemandes.

Autour de l'église Saint-Nicolas*

De la plus ancienne église de Berlin (1230), ne subsistent que la base en granit et le portail occidental. À l'intérieur, un **musée** abrite les **maquettes de l'édifice primitif** *(☎ 24.72.45.29 ; ouv. t.l.j. 10 h-18 h ; entrée : 5 €)*.
À la sortie, autre ambiance : le **Heinrich Zille Museum** *(Propststraße 11 ☎ 24.63.25.00, www.zillemuseum-berlin.de ; ouv. lun.-sam. 11 h-18 h, dim. 13 h-18 h ; entrée : 6 €)* rend hommage à l'illustrateur du *Berlin 1900*, grand habitué des tavernes du quartier *(encadré ci-contre)*.

Vers la Spree

Au n° 23 de la Poststraße, la **Maison Knoblauch**, propriété d'une famille de marchands de soie, restitue à merveille l'intérieur bourgeois de la première moitié du XIXe s. *(☎ 240.02.162 ; ouv. mar.-dim. 10 h-18 h ; entrée gratuite)*. Plus bas, au n° 16, la somptueuse silhouette rococo du **palais Éphraïm**, bâti à la moitié du XVIIIe s. pour le banquier de Frédéric le Grand, accueille des expositions temporaires sur l'histoire culturelle de Berlin *(☎ 24.00.21.62 ; ouv. mar.,* *jeu.-dim. 10 h-18 h, mer. 12 h-20 h; entrée: 7 €)*. Dirigez-vous vers le nord par le Mühlendamm jusqu'au **Molkenmarkt**, la plus ancienne place de marché de Berlin, située derrière l'église *(le marché se tient désormais devant l'hôtel de ville mar., ven. et sam. 9 h-17 h)*, puis vers la coupole néoclassique de l'ancienne annexe de l'hôtel de ville *(Altes Stadthaus)*, qui abritait le gouvernement de la RDA.

Entre la Klosterstraße et la Littenstraße

Au n° 67 de la Klosterstraße, l'**église paroissiale** *(Parochialkirche)* du début du XVIIe s. est le premier édifice baroque de Berlin. Un peu plus haut, aux n°s 68-70, le **palais Podewil**, érigé en 1704, a abrité plusieurs centres culturels *off* à durée limitée. Observez un pan de l'**ancien mur d'enceinte** daté du XIIIe s. Au n° 74 de la Littenstraße, les ruines d'une **église franciscaine gothique** bâtie en 1260 composent un paysage romantique. Le **cloître Gris** adjacent *(Graues Kloster)*, qui fut transformé en lycée après la Réforme luthérienne (XVIe s.), forma l'élite de la nation. Derrière, aux n°s 12-17, le hall d'entrée du **tribunal municipal** *(Landgericht)*, construit au tournant du XXe s., abrite deux beaux **escaliers** à double révolution, mi-Jugendstil mi-baroque bohémien *(visible aux heures d'ouv. du tribunal lun.-ven. 9 h-13 h)*.

➤ Märkisches Museum

Musée de la Marche de Brandebourg.

Plan p. 65 / B2 *– Am Köllnischen Park 5, U2 Märkisches Museum ☎ 24.00.21.62. Ouv. mar.-dim. 10 h-18 h. Entrée : 5 €.*

De l'autre côté de la Spree, ce beau musée en briques rouges vous apprend tout sur l'évolution historique de la région du Brandebourg et de la ville de Berlin, de la préhistoire à nos jours. Clou de la visite : le « Kaiser Panorama » qui fait défiler d'anciennes photos du XIXe s.

HEINRICH ZILLE

Lutteurs de foire, petites bonnes en goguette, prostituées au vaste postérieur : bienvenue dans le monde de Zille (1858-1929), le grand dessinateur satirique qui éclusait les tavernes du quartier. Mi-bienveillant, mi-corrosif, le chantre des petites gens rejoint au tournant du siècle le courant « antiacadémique » de la sécession berlinoise. Nommé professeur honoraire à l'Académie prussienne des Beaux-Arts en 1924, il eu droit à des funérailles nationales.

7 Scheunenviertel et Prenzlauer Berg

Dans le quartier de Prenzlauer Berg

Le voilà, le quartier chéri des amateurs d'underground… Las ! l'underground a quelque peu quitté les lieux, suivant de près les habitants de l'ex-RDA chassés par la hausse des prix immobiliers. Impossible, pourtant, de bouder notre plaisir : dans cet essaim extraordinaire de bistrots, de boutiques et de galeries, les témoignages du passé sont encore palpables.

- **Point de départ :** Hackescher Markt.
- **À ne pas manquer :** Les arrières-cours dans Scheunenviertel, la Nouvelle Synagogue et la Brasserie de la Culture.
- **Plan :** p. 71
- **Précision :** Les **(1)** renvoient aux sites localisés sur le plan ci-contre.
- **Carnet d'adresses :** p. 163.

➤ Scheunenviertel★★

Plan p. 71 / AB2 – S5, S7 Hackescher Markt.

Durant la révolution industrielle, l'ancien quartier des granges *(Scheunenviertel)* était le point de passage obligé des Juifs de l'Europe de l'Est. Ravagés par le IIIe Reich, délaissés par la RDA, « les bas-fonds » de Berlin trouvent une seconde vie (et quelle vie !) après la réunification. D'abord investi par les « alternatifs », Scheunenviertel est désormais convoité par les entrepreneurs, les galeristes et les grandes marques.

La Große-Hamburger-Straße

Un **cimetière juif** fondé en 1672 (n°s 25-26), une **église baroque** de confession protestante, datée de 1712 (n° 29), et un **hôpital catholique** édifié en 1855 (n°s 5-11)… un tel œcuménisme n'a pas protégé la rue de la barbarie nazie. Dans le cimetière, une plaque *(sur la g.)* rappelle qu'un hospice, aujourd'hui rasé, servait de centre de rassemblement vers les camps de la mort. Sur le trottoir d'en face (n°s 15-16), l'immeuble détruit par les bombes n'a jamais été remplacé. Sur le mur voisin de ladite **Maison manquante**, Christian Boltanski a inscrit en 1990 le nom des occupants décimés.

La Nouvelle Synagogue**

Neue Synagoge

Oranienburger Straße 28-30
☎ 88.02.83.00, www.centrumjudaicum.de. Ouv. jan.-mars et oct.-déc. : lun.-jeu. et dim. 10 h-18 h, ven. 10 h-15 h ; avr.-sept. : lun.-ven. 10 h-18 h, dim 10 h-19 h. Entrée : 5 €.

Édifiée en 1866 par Eduard Knoblauch, profanée par les nazis, dévastée par la guerre et restaurée en 1995, cette synagogue **(1)** de style mauresque – si majestueuse avec son dôme doré – abrite un **musée** consacré à l'histoire des Juifs du quartier.

Les arrière-cours Heckmann*

Heckmann-Höfe

Oranienburger Straße 32.

Ces pimpantes arrière-cours **(2)**, certaines dessinée dans le style Jugendstil, abritent appartements et bureaux, mais aussi des boutiques de mode, une librairie, des restaurants, un cinéma, un théâtre de variétés et plusieurs galeries.

De l'Auguststraße à la Rosenthaler Straße*

Dans l'Auguststraße, les amateurs d'art contemporain feront un crochet à l'**ancienne école de filles juives** *(Ehemalige Jüdische Mädchenschule, n°s 11-13, p. 171)* qui, 70 ans après sa fermeture imposée par les nazis a rouvert sous la forme de galeries d'art et de restaurants (dont l'un casher). Un **musée** consacré au couple Kennedy *(The Kennedys Museum ☎ 20.65.35.70 ; ouv. mar.-dim. 11 h-19 h ; entrée : 5 €)*, qui se rendit à Berlin en 1963, en pleine guerre froide *(encadré p. 113)*, y est également installé.

Une des arrière-cours Hackesche

Ils poursuivront vers les autres **galeries d'art (3)** de la rue. Du **Kunst-Werke**, galerie phare de la biennale de Berlin (n° 69), jusqu'au tout nouveau **MeCollectors Room** (n° 68) en passant par l'incontournable **Eigen + Art** (n° 26). Les jolis cœurs, eux, iront guincher au **Clärchens Ballhaus** (n°s 24-25, *p. 169)*.

Sur la Koppenplatz, admirez *La pièce que l'on vient de quitter (Der Verlassene Raum)*, émouvante composition en bronze de Karl Biedermann (1996), qui expose avec force le destin des Juifs arrachés à leur quotidien. De retour sur l'Auguststraße, obliquez à dr. vers la Gipsstraße et engouffrez-vous, au n° 12, dans les **arrière-cours Sophie-Gips (4)**, où des ateliers de la fin du XIXe s. ont été entièrement réaménagés par les collectionneurs d'art contemporain E. et R. Hoffmann *(☎ 28.49.91.20 ; ouv. sam. 11 h-16 h ; entrée : 10 €, sur rés. slmt)*.

Sur la Sophienstraße, pénétrez au n° 6 dans les **arrière-cours Hackesche** (**5**, *Hackesche Höfe*), éblouissantes « ruches » Jugendstil (1906) composées de boutiques et de showrooms dévolus à la mode et au spectacle.

Ressortez par la Rosenthaler Straße et découvrez, au n° 39, l'ambiance savamment *destroy* de la **Maison Schwarzenberg** qui accueille le **Centre Anne-Frank (6)**. L'adolescente, née à Francfort, s'était réfugiée dans un appartement caché à Amsterdam en compagnie de sa famille. Dénoncée par un informateur non identifié, elle mourut dans un camp de concentration en 1945. Des extraits de son fameux journal illustrent son destin tragique *(☎ 288.86.56.00 ; ouv. mar.-dim. 10 h-18 h ; entrée : 5 €)*.

Dans la même cour, l'**atelier pour malvoyants d'Otto Weidt** *(Blindenwerkstatt Otto Weidt)* relate l'héroïsme d'un fabricant de brosses qui sauva de très nombreux Juifs des griffes de la Gestapo *(☎ 28.59.94.07, www.museum-blindenwerkstatt.de ; ouv. t.l.j. 10 h-20 h ; entrée libre)*.

À dr., flânez dans la Neue-Schönhauser-Straße et l'Alte-Schönhauser-Straße, les nouveaux bastions de la mode berlinoise.

Rosa-Luxemburg-Platz★★

Imposant, le **Volksbühne**, érigé en 1913-1914 sur l'initiative des sociaux-démocrates, est un monument de la culture dissidente. Marqué dès ses débuts par les très engagés Max Reinhardt et Erwin Piscator, ce théâtre reste artistiquement subversif.

Au sud de la place, le légendaire **cinéma Babylon**, relique de l'entre-deux-guerres, a été dessiné par Hans Poelzig, le décorateur du film expressionniste *Le Golem* (1920). Au n° 28 de la Kleine Alexanderstraße, s'élève la demeure du héros spartakiste **Karl Liebknecht** *(p. 190)*, occupée par le parti de gauche Die Linke.

➤ Prenzlauer Berg★★

***Plan p. 71 / B1** – U2 Rosa-Luxemburg-Platz.*

Dans ce quartier mi-ouvrier mi-marginal, la contestation est une tradition… du moins l'était-elle tant que le mur tenait encore debout. Depuis le début des années 2000, l'enchanteur « Prenz'lberg » est devenu la terre d'élection des jeunes couples avec enfants.

Le long de la Schönhauser Allee★

Un petit crochet à g. sur la Fehrbelliner Straße vous conduit à la charmante **église de Sion** (*Zionskirche*, 1873), haut lieu de la résistance à la Gestapo, puis à la Stasi.

En revenant sur Schönhauser Allee, voyez la **Brauerei Pfefferberg**, ancienne brasserie de 1841, qui abrite entre ses murs « bruts de décoffrage » une vie culturelle… du même tonneau ! *(Schönhauser Allee 176 A ☎ 281.83.23, www.pfefferberg.de)*. De l'autre côté de la rue, au n° 22, le très verdoyant **cimetière juif**, fondé en 1827, accueille la sépulture de Max Liebermann *(p. 135)*, peintre impressionniste *(Jüdischer Friedhof; ouv. lun.-jeu. 8 h-16 h, ven. 7 h 30-13 h)*.

L'ancien château d'eau

Wasserturm

Entre la Knaackstraße et la Belforter Straße, U2 Senefelderplatz.

Édifié de 1850 à 1870, le plus ancien château d'eau de Berlin dissimule un passé sinistre : au temps du IIIe Reich, les SA l'avaient transformé en chambre de torture.

La synagogue*

Rykestraße 53, U2 Senefelderplatz. Ne se visite pas.

Construite en 1904 et restaurée à grands frais en 2007, la plus grande synagogue d'Allemagne (d'une capacité de 2000 personnes) fut mise à sac par les nazis et reconvertie en écurie et en entrepôt. Au temps de la RDA, malgré l'hostilité des autorités, elle redevint le seul et unique lieu de culte juif de Berlin-Est.

Kollwitzplatz

U2 Senefelderplatz.

L'artiste contestataire **Käthe Kollwitz** (1867-1945) – représentée dans le square par une œuvre de Gustav Seitz (1958) – aurait du mal à reconnaître dans cette jolie place manucurée le Prenzlauer Berg ouvrier du siècle passé, hérissé alors de « casernes de locataires » sordides et insalubres.

MARCHÉ BIO

Sur la jolie Kollwitzplatz, 35 exposants estampillés par la Grüne Liga (la « Ligue verte ») se disputent l'attention de la clientèle jeune et hype. Collection de pains bio (avec ou sans graines), fruits de saison sans pesticides et merveilleux marchés de l'Avent les dimanches de décembre.
➤ ***Plan p. 71 / B1*** *– Kollwitzplatz. Jeu. 12 h-19 h, sam. 9 h-16 h.*

Autour de l'U-Bahn Eberswalder-Straße

U2 Eberswalder-Straße.

Au N-E de la station s'étend le **LSD**, périmètre alternatif compris entre les Lychener, Stargarder et Duncker Straße. Au S-O, la Kastanienallee, alias « Castingallee », aligne ses **boutiques** et ses **cafés tendance**.

La Brasserie des cultures**

Kulturbrauerei

Knaackstraße 75-97 ou Schönhauser Allee 36-39 ☎ 44.35.26.14, www.kulturbrauerei-berlin.de. Horaires variables selon les activités.

Conçu en 1891 par Franz Schwechten, cet édifice néogothique, qui produisit de la bière jusqu'en 1967, a radicalement changé de ferment en 1991. Avec ses **cinémas**, **restaurants** et **salles de concert**, il donne désormais dans… l'effervescence culturelle !

Prater Biergarten**

Kastanienallee 7-9 ☎ 448.56.88, www.pratergarten.de. Ouv. t.l.j. (par beau temps seulement) dès 12 h.

Le gigantesque *biergarten* historique du Prater (le plus ancien de la ville, 1852) résonne encore des harangues passionnées d'August Bebel et de Rosa Luxemburg, les hérauts du mouvement ouvrier. Il abrite une galerie qui organise des **expositions temporaires.** Également un restaurant attenant, le **Prater Gaststätte** *(ouv. lun.-sam. à partir de 18 h, dim. dès 12 h).*

➤ Mauerpark et son marché aux puces

Plan p. 71 / A1 *– Bernauer Straße 63, U2 Eberswalder Straße. Marché ouv. dim. 10 h-16 h.*

Ce parc de Prenzlauer Berg n'a rien de bien exceptionnel au premier abord. Son côté *roots* attire les musiciens et alternatifs de tout poil, qui trouvent ici un territoire moins policé que les rues du quartier le plus bobo de la capitale allemande. Mais en réalité, on vient surtout ici le dimanche. S'y déroule un **marché aux puces** génial où on trouve aussi bien des fripes que des meubles de la RDA, de la porcelaine prussienne, des vinyles et des livres. Comme on est à Berlin, il y a évidemment force *biergarten* pour faire une pause et d'excellentes *currywursts* à croquer.

➤ Le mémorial du Mur

Gedenkstätte Berliner Mauer

Plan p. 71 / A1 *– Bernauer Straße 111, U8 et S1, S2 Nordbahnhof ☎ 467.98.66.66, www.berliner-mauer-gedenkstaette.de. Sites extérieurs ouv. t.l.j. 8 h-22 h et centre de doc. ouv. mar.-dim. 8 h-10 h. Entrée libre.*

À l'endroit même où les tentatives de franchissement ont été les plus spectaculaires et les plus meurtrières s'élève le bouleversant mémorial du Mur de Berlin constitué d'un centre de documentation, d'une terrasse panoramique et d'une chapelle de la Réconciliation.

8 De Kreuzberg à Tempelhof

Au Mauer Museum

Triplement marquée par l'Histoire, la partie ouest de Kreuzberg a d'abord hébergé les administrations centrales du IIIe Reich avant d'être ravagée par les bombes alliées et de se transformer en épicentre géo-stratégique durant la guerre froide. Un parcours en forme de mémorial !

- **Point de départ :** la gare Anhalter Bahnhof.
- **À ne pas manquer :** le Jüdisches Museum, le Mauer Museum et Marhieneke Markthalle.
- **Plan :** p. 79
- **Carnet d'adresses :** p. 163.

➤ Autour de la gare en ruine

Plan p. 79/A1-2 – S1, S2 Anhalter Bahnhof.

Une simple ruine : c'est tout ce qui reste de la plus grande gare de la ville, Anhalter Bahnhof, édifiée dans un style néo-classique au milieu du XIXe s., et détruite par les bombes de la Seconde Guerre mondiale. Depuis cette seule gare, près de 10 000 Juifs ont été déportés, dès 1942, vers Theresienstadt (actuelle République Tchèque), en transit vers Auschwitz.

Deutsches Technikmuseum**

Musée allemand de la Technique

Trebbiner Straße 9 ☎ 90.25.40. Ouv. mar.-ven. 9h-17h30, sam.-dim. 10h-18h. Entrée : + de 5 €. Durée : 2h de visite.

Ce musée dissimule locomotives, ordinateurs et sous-marins… offerts à l'insatiable curiosité des plus jeunes ! Dès le début des années 1980, l'édifice fut pionnier en matière d'économie d'énergie : ventilation naturelle, matériaux organiques (bois, mousse et terre) pour lutter contre l'humidité et optimiser la lumière du jour.

➤ Le long de la Niederkirchnerstraße*

Plan p. 79 / AB1 – U2 et S1, S2 Potsdamer Platz.

Au n° 5, l'**ancien parlement de Prusse**, daté de 1899, accueille la Chambre des députés de Berlin *(hall : entrée libre)*. Au n° 7, le beau bâtiment néo-Renaissance **Martin-Gropius-Bau** (1881), ancien musée des Arts appliqués signé du grand-oncle de Walter Gropius (fondateur du Bauhaus), propose des expositions temporaires de très haute volée *(☎ 25.48.60 ; ouv. mer.-lun. 10h-19h ; entrée : prix variable selon l'exposition)*. Au n° 8, le centre de documentation **Topographie de la Terreur**, établi sur les « cendres » des instances dirigeantes du IIIe Reich (SS et Gestapo), évoque les organismes de la répression, la persécution des Juifs et la Résistance allemande *(Topographie des Terrors ☎ 25.45.09.50 ; ouv. t.l.j. 10h-20h ; entrée libre)*. En face, subsiste un **vestige du Mur** (qui coupait le quartier en deux), tandis qu'à l'angle de la Wilhelmstraße, s'élève le seul bâtiment encore debout de l'époque nazie : le **ministère de l'Air du IIIe Reich** (*ne se visite pas*), devenu le siège du ministère des Finances.

➤ Autour de Checkpoint Charlie

Plan p. 79 / B1 – U6 Kochstraße.

Unique point de passage entre Berlin-Est et Berlin-Ouest pendant la guerre

De Kreuzberg à Tempelhof

froide, cet ancien « poste de frontière » est l'un des grands symboles du Mur de Berlin.

Mauer Museum**

Musée du Mur

Friedrichstraße 43-45 ☎ 253.72.50. Ouv. t.l.j. 9 h-22 h. Entrée : 12,50 €.

Face à l'ancien poste-frontière, où chars soviétiques et américains se faisaient face en octobre 1961, le Mauer Museum revient sur les prouesses extraordinaires des fugitifs d'Allemagne de l'Est.

L'ancien quartier de la Presse

Poursuivez sur la Kochstraße, dont une partie a été rebaptisée Rudi-Dutschke Straße, du nom de l'étudiant d'extrême gauche victime d'un attentat en 1968. Vous pénétrez dans l'ancien quartier de la Presse qui conserve encore de beaux restes : au n° 23, le quotidien de gauche *Tageszeitung (Taz)* occupe un immeuble du début du siècle. Sur le trottoir d'en face, à l'angle de l'Axel Springer Straße, le gigantesque concurrent « capitaliste » **Axel Springer** *(Die Welt, Berliner Zeitung, Bild…)* a édifié, au plus fort de la guerre froide, une immense tour qui faisait la nique aux autorités est-allemandes établies de l'autre côté du Mur.

➤ Berlinische Galerie*

Galerie berlinoise

Plan p. 79 / B1 *– Alte-Jakob-Straße 124-128, U6 Kochstraße ☎ 78.90.26.00, www.berlinischegalerie.de. Ouv. mer.-lun. 10 h-18 h. Entrée : + de 5 €.*

Non loin du Jüdisches Museum, les amoureux d'art moderne et contemporain dirigeront leurs pas vers ce passionnant musée à l'architecture moderne, qui évoque la vitalité créatrice de la ville, de 1870 à nos jours.

➤ Jüdisches Museum***

Musée juif

Plan p. 79 / B2 *– Lindenstraße 9-14, U6 Kochstraße ☎ 25.99.33.00, www.jmberlin.de. Ouv. t.l.j. 10 h-20 h (22 h lun.). Entrée : 8 €, 3 h de visite.*

Véritable musée-métaphore conçu en 2001 par Daniel Libeskind, ce lieu de mémoire dont les contours évoquent une étoile de David « incarne » les aléas de l'histoire germano-juive. Labyrinthe, oubliettes, pièces fantomatiques symbolisant la part de la culture juive à jamais disparue : jamais l'architecture ne s'est aussi bien mise au service du sens. L'intérieur du bâtiment, divisé en trois axes thématiques – l'exil, l'extermination et la survie –, abrite une exposition permanente qui retrace 2000 ans d'histoire juive en Allemagne.

PAUSE HISTORIQUE

De jour ou de nuit, attendez-vous à faire la queue pour déguster ce que certains considèrent comme la meilleure *Currywurst* de la ville. ➤ ***Plan p. 79 / B2 – Curry 36,*** *Mehringdamm 36 ☎ 251.73.68, www.curry36.de. Ouv. t.l.j. 9 h-5 h.*

➤ Maison Willy Brandt

Willy-Brandt-Haus

Plan p. 79 / B2 *– Wilhelmstraße 140, U6, U12 Hallesches Tor ☎ 25.99.37.00, www.willy-brandt-haus.de. Ouv. mar.-dim. 12 h-18 h. Entrée gratuite (sur présentation d'une pièce d'identité).*

Achevé en 1996, en hommage à l'ancien chancelier allemand prix Nobel de la Paix en 1971, ce bel édifice en acier et en verre est doté d'un atrium reprenant le tracé triangulaire du terrain. Expositions temporaires à caractère socio-politique.

➤ Les cimetières de Hallesches Tor

Friedhöfe am Halleschen Tor

Plan p. 79 / B2 *– Mehringdamm 21, U6, U7 Mehringdamm. Ouv. t.l.j. 8 h-coucher du soleil. Entrée gratuite.*

Ce sont les plus anciens cimetières encore en fonction de la ville (1735). Ils abritent les tombes de E. T. A. Hoffmann et de Felix Mendelssohn-Bartholdy.

➤ Riehmers Hofgarten

Plan p. 79 / A2 *– Yorckstraße 83, U6, U7 Mehringdamm.*

Sur Yorckstraße, pénétrez dans ce beau passage réalisé dans un style néo-Renaissance de 1881 à 1892 par le maître maçon Riehmer et ressortez de l'autre côté, aux n°s 9-12 de la Hagelberger Straße, avant de rejoindre le Mehringdamm.

➤ Autour de Bergmannstraße

Plan p. 79 / B3 *– U7 Gneisenaustraße.*

La colorée Bergmannstraße est devenue La Mecque des brocanteurs, des cafés et des adresses bio.

Marhieneke Markthalle★★

Ouv. lun.-ven. 8 h-20 h, sam. 8 h-18 h.

Sur Marhienekeplatz s'étire l'un des tout derniers marchés couverts du XIXe s., récemment rénové. Tous les samedis, une petite brocante égaie la place.

Chamissoplatz

Bordée de jolies façades en stuc bien conservées et « ornée » d'une vespasienne antique, la Chamissoplatz héberge le samedi matin un adorable marché 100 % régional et naturel.

➤ Viktoriapark*

Plan p. 79 / A3 – U6 Platz der Luftbrücke.

Ce beau parc du XIXe s. ponctué de pelouses et de coins boisés donne indirectement son nom à l'ensemble de l'arrondissement : au sommet d'une colline de 66 m *(Berg)*, une flèche coiffée d'une croix *(Kreuz)* commémore les guerres de libération contre Napoléon. Aux alentours de ce monument dessiné par Karl Schinkel (1821), la **vue** sur le quartier est enchanteresse. Au pied de la butte, l'**ancienne brasserie Schultheiß** (seconde moitié du XIXe s.) qui produisait la célèbre *Berliner Weiße* (bière blanche) a été transformée en domaine résidentiel.

➤ Le mémorial du Pont aérien

Plan p. 79 / B3 – Platz der Luftbrücke, U6 Platz der Luftbrücke.

Érigé par Eduard Ludwig en 1951 dans un joli petit parc de la Platz der Luftbrücke, le mémorial représente l'ébauche d'un pont surmonté de trois pointes évoquant les couloirs aériens reliant Berlin à l'Allemagne de l'Ouest. Lors du blocus soviétique (juin 1948-mai 1949), 1 300 appareils alliés – baptisés « bombardiers à raisins secs » – atterrissaient chaque jour à l'aéroport de **Tempelhof** pour ravitailler les *Wessis* (habitants de l'Ouest).

➤ Tempelhofer Park**

Plan p. 79 / Hors pl. par B3 – U6 Paradestraße. Ouv. t.l.j. du lever au coucher du soleil. Entrée gratuite.

Fermé depuis 2008, l'**aéroport de Tempelhof** a été reconverti en gigantesque espace de loisirs de 380 ha. La piste d'atterrissage fait la joie des skateurs, des cyclistes et des chars à voile !

Si l'épopée aérienne vous passionne, allez visiter les bâtiments classés monuments historiques de l'**aéroport** (réaménagés par Albert Speer, l'architecte d'Hitler), l'un des tout premiers du monde (1923), à la patine inégalée *(☎ 200.03.74.41, www.thf-berlin.de ; visites guidées lun.-jeu. 16 h, ven. 13 h et 16 h, sam.-dim. 11 h et 14 h ; entrée : 13 €, 2 h).*

9 L'est de Kreuzberg et Neukölln

Café dans le Görlitzer Park

La partie est de Kreuzberg est peuplée de « décalés ». Étudiants, anars et ouvriers turcs composent l'un des tissus urbains les plus originaux de Berlin. Malgré son succès grandissant auprès des touristes, le célèbre club SO 36 *(p. 168)* conserve toujours les accents métisses du « Kreuzbergistan ». Neukölln, plus au sud, lie habilement faubourg populaire et territoire privilégié des *hipsters*.

- **Point de départ :** Böckler Park.
- **À ne pas manquer :** une promenade le long du Landwehrkanal et le Friedrichshain-Kreuzberg Museum.
- **Plan :** p. 85
- **Carnet d'adresses :** p. 163.

➤ Le long du Landwehrkanal**

Plan p. 85 / A2 – U12 Prinzenstraße.

Saules pleureurs, cygnes, couples avec poussettes, débutez la visite au vert ! Vous pourrez vous prélasser dans le très ombragé **Böckler Park**, en regardant les péniches passer sur le Landwehrkanal, le « canal historique » dessiné en 1850 par le jardinier des rois, P. J. Lenné. Ou faire quelques brasses dans la **piscine d'été** *(Sommerbad ; Prinzenstraße 113 ☎ 616.10.80 ; ouv. t.l.j. mai et sept. 7h-19h, juin-août 7h-20h ; entrée : 5,50 €).*

Aux nos 44, 38 et 26 du Fraenkelufer s'élèvent les **immeubles d'Inken et Hinrich Baller** (1987). Ces édifices « oniriques » aux arêtes vives et aux lignes sinueuses ressuscitent l'imaginaire expressionniste des années 1920. N'hésitez pas à musarder dans les cours de ces immeubles ponctuées de bosquets, de balançoires et de petites mares.

Un peu plus loin, au n° 16, la **synagogue orthodoxe** – jadis l'une des plus grandes de Berlin –, édifiée en 1913 et profanée par les nazis en 1938, a été partiellement rétablie au culte *(ne se visite pas).*

➤ Le *Double Amiral*

Plan p. 85 / A2 – Doppelter Admiral. Au croisement de l'Admiral Straße et de la Kohlfurter Straße, U8, U12 Kottbusser Tor.

Cette sculpture facétieuse de Ludmilla Seefried-Matejkova (1985) est une allégorie du temps qui passe. Remarquez, au pied du sablier, un joueur d'harmonica tournant le dos à un punk... Une scène typiquement kreuzbérienne d'avant la chute du Mur ! Sur le trottoir de gauche, un mur arbore une fresque géante titrée « Berlin, one love, hip hop », signée des enfants Michelle, Aziz et Manuel... Une ode à l'école mixte !

➤ Neue Kreuzberger Zentrum

Plan p. 85 / A2 – Face au métro aérien, U8, U12 Kottbusser Tor.

La galerie du **Neue Kreuzberger Zentrum** a été distinguée par un prix d'architecture dans les années 1970. Empruntez les escaliers situés près de la pizzeria Anatolia et visitez les ateliers d'artistes.

➤ Friedrichshain-Kreuzberg Museum**

Musée de Kreuzberg

Plan p. 85 / A2 – Adalbertstraße 95, U8, U12 Kottbusser Tor ☎ 50.58.52.33,

L'est de Kreuzberg et Neukölln

BÉBÉS HIPPIES

Le **Görlitzer Park** dispose d'un centre aéré (*Kinderbauernhof*) hippie… pour biner le potager et nourrir des porcelets.
➤ ***Plan p. 85 / B2*** *– Wiener Straße 59B, U12 Görlitzer Bahnhof ☎ 611.74.24, www.kinderbauernhofberlin.de. Ouv. mai.-sept. : lun.-mar. et jeu.-ven. 10h-19h, sam.-dim. et j.f. 11h-18h ; oct.-avr. : lun.-mar. et jeu.-ven. 10h-18h, sam.-dim. et j.f. 11h-17h. Entrée gratuite.*

www.fhxb-museum.de. Ouv. mer.-dim. 12h-18h. Entrée gratuite.

Ce passionnant musée, doté d'un bon fonds d'archives en allemand, vous éclaire sur la turbulente histoire du quartier depuis le XVIIIe s.

➤ Le long d'Oranienstraße

Plan p. 85 / B2 *– U8, U12 Kottbusser Tor.*

La remuante Oranienstraße aligne échoppes turques et vitrines tendance… qui sont de plus en plus souvent les mêmes. Plus loin, les arcades du Görlitzer Bahnhof semblent aimanter les hardeux et néo-punks.

Plus loin encore, le **Görlitzer Park** (14 ha, *encadré ci-dessus*) est situé sur le terrain d'une ancienne gare de 1867 ravagée par la guerre. C'est ici que le tout Kreuzberg anar, prolo, immigré et étudiant vient bayer aux corneilles.

➤ Mariannenplatz

Plan p. 85 / B1 *– U12 Görlitzer Bahnhof.*

L'ancien squat de la **Maison des artistes de Béthanie** *(Kunstraum Kreuzberg/Bethanien ☎ 902.98.14.64 ; ouv. t.l.j. 12h-19h durant les expositions ; entrée gratuite)*, installé dans un vieil hôpital (1847), abrite une école de musique, des ateliers d'artistes et des salles d'expositions.

Avant 1989, le mur suivait la courbe du **Bethaniendamm**, située à côté de l'**église évangélique Saint-Thomas** (1869). Cet ancien canal du XIXe s.

PAUSE *STREET FOOD*

Le **Street Food Thursday**, dans la Markthalle, promet des expériences culinaires fraîches et originales : des stands vous accueillent tous les jeudis pour déguster un ceviche péruvien, des tacos mexicain ou *buns* coréens…
➤ ***Plan p. 85 / B1-2 – Street Food Thursday****, Markthalle Eisenbahnstraße 42/43, U12 Görlitzer Bahnhof. www.markthalleneun.de/street-food-thursday. Jeu. 17h-22h.*

qui a séparé l'Est et l'Ouest pendant plus de 30 ans est désormais orné de tilleuls.

➤ Neukölln

Plan p. 85 / B2-3 et hors pl. par B3.

Voilà le quartier qui monte ! Situé à l'Ouest à l'époque du Mur, c'était un faubourg sans histoires, habité par les classes populaires et les immigrés en provenance du Proche-Orient ou de Turquie. Depuis quelques années, le coin s'est transformé en repaire branché, et une population constituée d'artistes, de travailleurs freelance ou d'oisifs en reconversion a débarqué des quatre coins de Berlin et du monde.

Le marché turc et le canal

Sur Maybachufer, U8 Schönleinstrasse.

Sur le quai sud du Landwehrkanal, en remontant vers le pont de Kottbusser *(Kottbusser Brücke)*, vous trouverez les mardi et vendredi un grand marché turc. On y déniche de nombreux produits en provenance directe d'Anatolie, d'Égée ou de mer Noire. Idéal pour se préparer un sandwich oriental et déguster quelques baklavas au goût de miel ! À défaut de marché, profitez de la quiétude des berges et observez les fastueuses constructions du XIXe s. au style éclectique, sur l'autre rive.

Le long de Weserstraße

Weserstraße, U7, U8 Hermannplatz.

Avec son atmosphère villageoise et verdoyante, cette longue rue pavée, qui traverse Neukölln d'ouest en est, concentre une grande partie de la vitalité du quartier. Boutiques vintage, restaurants servant toutes les cuisines du monde, bars à vins, terrasses qui s'étalent sur la rue au moindre rayon de soleil… Le coin est idéal pour commencer la soirée.

Richardplatz* et le village de Rixdorf

Richardplatz, U7 Rathaus Neukölln.

Un peu plus au sud, ne manquez pas la bucolique Richardplatz. Sa petite église aux accents d'Europe centrale, ses quelques fermes aux cours pavées et fleuries, vous permettront de faire un délicieux et inattendu plongeon dans le passé. En réalité, la place était le centre du village de Rixdorf, qui fut fondé par des réfugiés protestants venus de Bohême vers la fin du XVIIe s. L'été, un délicieux *biergarten* niché dans une ancienne manufacture vous attend *(Villa Rixdorf, Richardplatz 6)*.

10 Friedrichshain

Une touriste devant une œuvre de l'East Side Gallery

Coincé entre la vitrine du socialisme triomphant – la Karl-Marx-Allee – et le symbole absolu de la liberté reconquise – l'East Side Gallery –, Friedrichshain cultive une aura prolétaire et bohème… très prisée des noctambules et des créateurs de mode. Les films *Good Bye, Lenin !* et *La Vie des autres* ont rendu hommage à ce quartier attachant.

- **Point de départ :** Volkspark Friedrichshain.
- **À ne pas manquer :** la Karl-Marx-Allee, l'East Side Gallery.
- **Plan :** p. 89
- **Carnet d'adresses :** p. 163.

Mémorial germano-polonais
Fontaine des Contes de fées
Volkspark Friedrichshain
Mémorial des Combattants espagnols
départ 10 p. 88
Landsberger Allee
PLATZ DER VEREINTEN NATIONEN
Kino international
Kosmetik Salon Babette
Schillingstr.
Karl-Marx-Allee ★★★
Strausberger Pl.
STRAUSBERGER PLATZ
Café Sibylle
Weberwiese
FRIEDRICHSHAIN
Frankfurter Tor
BERSARINPLATZ
Stasi Museum
BOXHAGENER PLATZ
Ostbahnhof
RadialSystemV
STRALAUER PLATZ
Mühlenstr.
Spree
East Side Gallery ★★★
RAW-Tempel
Warschauer Str.
Tour Narva
OBERBAUMCITY
WARSCHAUER-PLATZ
OSTHAFEN
Media Spree
OBERBAUM-BRÜCKE
Schlesisches Tor
Maison des artistes de Béthanie
MARIANNENPLATZ
Alexanderplatz
Landsberger Allee
Petersburger (Dimitroffstr.)
Friedenstr.
Holzmarkstr.
Lichtenberger Str.
Köpenicker Str.
Boxhagener Str.
Revaler Str.
Simplonstr.
Warschauer Str.
Stralauer Allee
0 200 400 m
N

➤ Volkspark Friedrichshain★

Plan p. 89 / A1 – *U5 Schillingstraße.*

Marqué par la Seconde Guerre mondiale, le parc abrite deux petites collines formées par les décombres des bunkers. Au N-O, la **fontaine des Contes de fées** *(Märchenbrunnen)* – petite merveille inspirée du bestiaire des frères Grimm – fut offerte en 1913 aux enfants atteints de rachitisme et de typhoïde. Au N-E, le **Mémorial germano-polonais** *(Deutsch Polnisches Ehrenmal)* honore le souvenir des résistants allemands et polonais unis contre le nazisme ; au S-O, le **mémorial des Combattants espagnols** *(Denkmal der Spanienkämpfer)* rend hommage aux volontaires des Brigades internationales durant la guerre civile d'Espagne.

➤ Platz der Vereinten Nationen

La place des Nations-Unies

Plan p. 89 / A1 – *U5 Strausberger Platz.*

Le vide. Voilà ce qu'évoque l'esplanade hérissée de tours signées de

La fontaine des Contes de fées

VENT D'INSURRECTION

Débutée en février 1952, la construction de la Stalinallee vire à la tragédie. Soumis à des cadences infernales, les ouvriers apprennent fin mai 1953 l'augmentation des normes de travail de plus de 10 %. Le chantier en colère, rejoint par les sympathisants, défile sur Alexanderplatz pour réclamer des élections libres et la réunification du pays. Le 17 juin, la répression de la RDA est sanglante : des centaines de morts, parmi lesquels des membres de la police et de l'Armée rouge. C'est à partir de cette date que, dans la RFA voisine, l'artère du Tiergarten a été baptisée Straße des 17.Juni.

l'urbaniste **Hermann Henselmann** (1905-1995). Au milieu de cet espace vacant, jadis baptisé Leninplatz, trônait un **colossal Lénine de 19 m de haut** en granit rouge d'Ukraine. Main gauche sur le cœur, regard rivé sur l'horizon, le père de la révolution russe n'a pas survécu à la chute du Mur : déboulonné en novembre 1991, il a été découpé en 125 morceaux enterrés dans la forêt de Köpenick *(p. 101)*. Une scène qui a inspiré *Good Bye, Lenin !* (2003), film dont l'histoire se déroule dans le quartier.

➤ Karl-Marx-Allee★★★

***Plan p. 89 / AB2** – U5 Strausberger Platz.*

90 m de large, 2,3 km de long : l'artère mythique qui relie Alexanderplatz à Frankfurter Tor s'appella Stalinallee jusqu'en 1961. Porte d'entrée des troupes soviétiques en 1945, elle devint la **devanture du « luxe » communiste**. Contrastant avec les humbles logements ouvriers alentour, les **Volkspaläste** (« palais du peuple »), dotés de tout le confort moderne, arboraient des façades ornées de porcelaine de Meissen et accueillaient les apparatchiks et les « travailleurs méritants » *(verdiente Werktätige)*. Aujourd'hui, l'avenue, classée monument historique, subit une lente rénovation : quelques îlots hyperbranchés émergent de cet univers vieillissant.

À l'ouest de Strausberger Platz

Cette partie de l'avenue correspond à la dernière phase de construction (1959-1965) marquée par le développement des *Plattenbau*, ingrates dalles de béton préfabriquées. Au n° 36, le **Kosmetik Salon Babette,** ancien salon de coiffure transformé en bar, et le cinéma « culte » **Kino International** *(en face, n° 33 ☎ 24.75.60.11 ; ouv. selon événe-*

ments), reliquats du bonheur communiste, ont été récupérés par la mouvance gay. Leur structure d'origine a été respectée, et c'est là tout le charme des lieux.

À l'est de Strausberger Platz

C'est ici, depuis la Strausberger Platz jusqu'à la Frankfurter Tor, que le maître d'œuvre de la Karl-Marx-Allee, **Hermann Henselmann**, donna la mesure de son talent dans les années 1950. Mélange de « style confiseur » à la moscovite et de classicisme à la Schinkel, les bâtiments déploient une profusion de colonnades, hauts reliefs et balcons à la française.

Le Café Sibylle

Karl-Marx-Allee 72 ☎ 29.35.22.03, www.cafe-sibylle.de. Ouv. lun.-ven. 10 h-20 h, sam.-dim. 11 h-20 h.

Le célèbre café Sibylle abrite un **musée** privé consacré à l'histoire du quartier, réunissant des documents d'archives, des appareils électroménagers… et la demi-moustache de la statue de Staline, déboulonnée en 1961.

PÉDAGOGIQUE

Entre la Strausberger Platz et la Proskauer Straße, l'association **Förderverein Karl-Marx-Allee** (« amis de la Karl-Marx-Allee ») a installé 39 bornes d'informations sur l'histoire de l'avenue *(commentaires en allemand et en anglais).*

Le musée du Café Sibylle

Stasi Museum

Musée de la Stasi

Plan p. 89 / Hors pl. par B2 – *Ruscherstraße 103 ☎ 553.68.54. Ouv. lun.-ven. 10 h-18 h, sam.-dim. 12 h-18 h. Entrée : 6 €.*

À trois stations de U-Bahn (U5) de la Frankfurter Tor, le Stasi Museum, situé à l'emplacement des anciens locaux de cette police secrète, présente l'extraordinaire dispositif de surveillance de la RDA. Au plus fort de la guerre froide, un tiers des habitants de l'ex-Allemagne de l'Est étaient épiés !

➤ Autour de la Boxhagener Platz

Plan p. 89 / B2-3 – U5 Frankfurter Tor.

Cet ancien quartier prolétaire jalonné de *Mietskasernen* (« casernes locatives » pour la classe ouvrière) abrite une scène culturelle plus authentique que le Prenzlauer Berg.

Sur le **marché aux puces** de la place *(dim. 10 h-18 h)*, les professionnels supplantent peu à peu les adeptes du vide-greniers. Le film oscarisé *La Vie des autres* (Florian Henckel von Donnersmarck, 2007) a été en grande partie tourné aux alentours de la place. Promenez-vous dans le lacis de ruelles émaillé ici et là de boutiques créatives et de bistrots gentiment *destroy*.

➤ Autour de la Warschauer Straße

Plan p. 89 / B3 – U12 et S5, S7, S75 Warschauer Straße.

Le RAW-Tempel

Entre Revaler Straße et les voies de chemin de fer de la station Warschauer Straße. Entrée libre.

Cette friche industrielle est l'un des hauts lieux de la **culture alternative** berlinoise. Depuis la chute du Mur, des artistes locaux ont investi

PAUSE FOOD-TRUCKS

Tous les dimanches après-midi, une vingtaine de food-trucks s'installent au **Neue Heimat,** dans la friche du RAW, pour un festival de saveurs du monde. Musiciens de rue et DJs locaux sont également de la partie.
➤ Plan p. 89 / B3 – Berlin Village Market, *RAW-Tempel, Revaler Straße 99, www.neueheimat.com.*
Ouv. dim. 12 h-22 h.

d'anciens entrepôts pour en faire, grâce à l'association RAW-Tempel, des espaces culturels ouverts à tous. Ateliers, espaces de création, écoles de danse, de théâtre ou de cirque, galeries d'art mais aussi skatepark, site d'escalade, cinéma en plein air, restaurants, bars-clubs, piscine…

En descendant la Warschauer Straße jusqu'à la Spree, vous verrez sur la gauche un ensemble de constuctions modernes installées sur les quais, comprenant hôtels et sièges d'entreprises. Il s'agit d'une partie du projet controversé de **Mediaspree**.

➤ Oberbaumbrücke★★

Plan p. 89 / B3.

Ce pont, avec ses deux tours originales, est le plus célèbre de Berlin

Oberbaumbrücke

(et le plus long !). Construit en briques rouges dans un style néo-gothique à la fin du XIXe s., il s'étage sur deux niveaux, dont l'un réservé au métro. Il fut l'un des points de passage entre l'Est et l'Ouest avant la chute du mur, la ligne 1 du métro de la RDA s'arrêtant alors net à cet endroit.

Traversez-le pour avoir une belle vue sur la Tour de télévision *(p. 66)* et la sculpture *Molecule Man (p. 97).*

➤ East Side Gallery***

***Plan p. 89 / AB3** – Mühlenstraße.*

Un baiser langoureux entre Honecker et Brejnev (Dmitri Vrubel) et une Trabi défonceuse de Mur (Birgit Kinder)… La galerie à ciel ouvert de la Mühlenstraße, œuvre de 118 artistes venus de 21 pays, constitue le plus long tronçon conservé (1 300 m) de l'ancien « rideau de fer ». Réalisé en janvier 1990 – soit 2 mois après le « séisme » de 1989 –, cet extraordinaire mémorial a longtemps subi les ravages du froid, de la pollution et du temps qui passe, avant d'être finalement restauré en 2009 à l'occasion de ses 20 ans. En 2015, la construction d'une tour au bord de la Spree projetant son ombre sur le Mur a suscité de vives polémiques et une énergique protestation.

➤ RadialSystemV

***Plan p. 89 / A3** – Holzmarktstraße 33*
☎ 288.78.85.88. Ouv. selon les événements.

Cette ancienne usine de pompage d'eau a fait l'objet d'une rénovation minimale, respectueuse de l'ancien bâtiment. Vaste halle de 600 m² sans scène ni gradins, l'espace modulable accueille tous les types de manifestations : danse, théâtre et concerts.

11 Autour du Treptower Park

Badeschiff

Encore un lieu de flânerie entre terre, bois et rivière ? Oui, mais pas n'importe lequel : entre le Mémorial soviétique aux dimensions titanesques et les entrepôts du bord de la Spree devenus *hype*, le quartier du parc de Treptow, en pleine mutation, offre des attraits contrastés à l'écart des circuits touristiques.

- **Point de départ :** Treptowers
- **À ne pas manquer :** le Mémorial soviétique.
- **Plan :** p. 96-97
- **Carnet d'adresses :** p. 163.

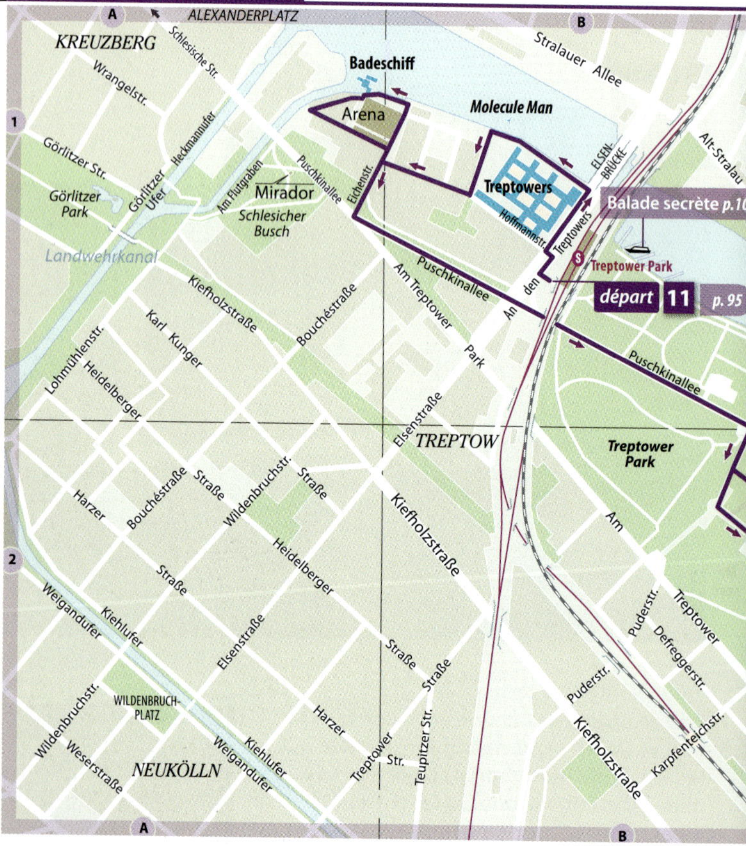

➤ Treptowers

***Plan p. 96-97 / B1** – An den Treptowers 3, S8, S9, S41, S42 Treptower Park*
☎ 53.83.21.61.06. Visite guidée gratuite en allemand le 2e sam. du mois 14 h-18 h.

Ce bâtiment de 32 étages et de 125 m de haut héberge la société **Allianz**, qui ouvre ses portes une fois par mois pour faire admirer sa collection d'œuvres contemporaines.

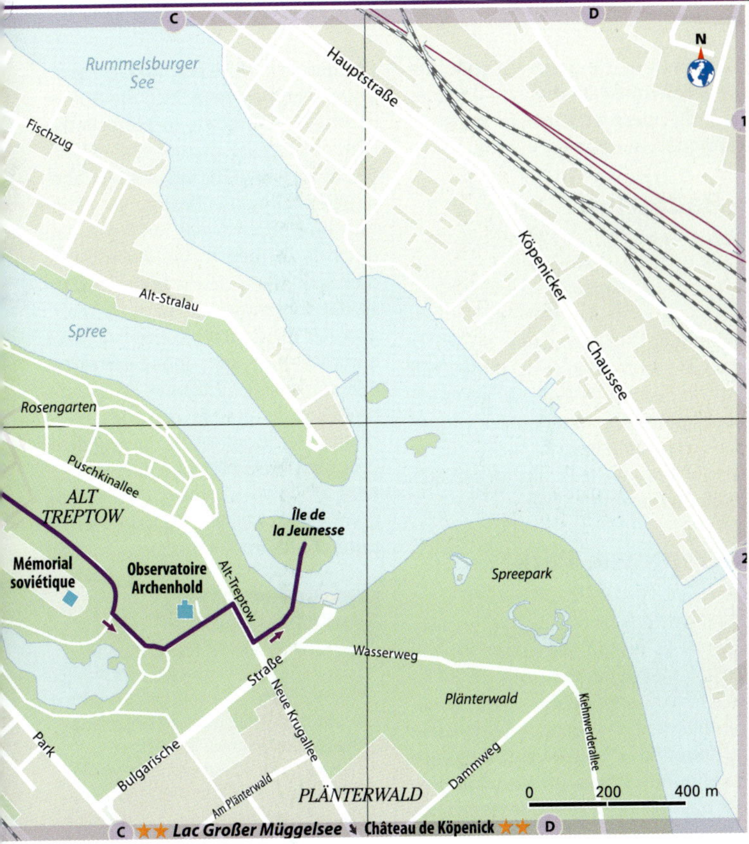

➤ Molecule Man

Plan p. 96-97 / B1 *– S8, S9, S41, S42 Treptower Park.*

En face de Treptowers, un colosse de 45 t et 30 m de haut surgit des eaux : le *Mollecule Man* de l'Américain Jonathan Borofsky (1999) symbolise la réunion des trois districts – Kreuzberg (au N), Friedrichshain (en face) et Treptow – jadis séparés par le

Mur. Les trous qui criblent la sculpture rappellent que « l'homme est un amas de molécules » et valent à l'œuvre le sobriquet de « grand gruyère ».

➤ Badeschiff

Plan p. 96-97 / A1 *– Eichenstraße 4, S8, S9, S41, S42 Treptower Park ☎ 533.20.30, www.badeschiff.de. Piscine ouv. mai-sept. t.l.j. 8 h-minuit. Entrée : 5 €.*

Aménagée sur d'anciens docks, la piscine-sauna-ponton du **Badeschiff** est le dernier endroit à la mode pour plonger. Tout autour, logés dans des cabanes en bois sur le Landwehrkanal, les clubs et les cafés tendance se multiplient.

➤ Treptower Park*

Plan p. 96-97 / BD1-2 *– S8, S9, S41, S42 Treptower Park.*

Créé à la fin du XIXe s. par Johann Gustav Meyer, ce beau parc de 84 ha a un long passé politique : lieu de rassemblement des sociaux-démocrates au début du XXe s., il devient, au temps de la guerre froide, un véritable pôle d'attraction pour les touristes venus des pays de l'Est.

Le Mémorial soviétique*

Sowjetisches Ehrenmal

Jamais le mot « monumental » ne s'est mieux appliqué qu'à ce gigantesque « complexe » dédié aux soldats soviétiques victimes de la Seconde Guerre mondiale. À l'entrée, la **Mère Patrie** *(Mutter Heimat)* pleure ses enfants disparus. Plus loin, des soldats agenouillés marquent l'entrée du cimetière où sont ensevelis 5 000 combattants de l'Armée rouge. Au sommet d'un tumulus se dresse la **statue d'un soldat soviétique** de 13 m de haut : il berce un enfant et brise la croix gammée avec son épée ; les textes des bas-reliefs, attribués à Staline, retracent les grands épisodes de la guerre. Au moment de la réunification, c'est ici que le chancelier Helmut Kohl a fait son discours d'adieu aux derniers des 300 000 militaires soviétiques basés en Allemagne.

AMBIANCE GUINGUETTE

En face du Walk of Fame, dans le parc, ambiance « pommes frites » et bière à gogo à l'**Auberge Zenner**. Édifiée en 1822 par Carl Ferdinand Langhans, l'auteur de l'ancien palais du Gendarmenmarkt *(p. 45)*, l'établissement historique au bord de la Spree attire une clientèle de guinguette.

➤ Plan p. 96-97 / C2 – Auberge Zenner, *Alt-Treptow 14-17 ☎ 533.72.11, www.hauszenner.de. Ouv. dim.-jeu. 10 h-22 h, ven.-sam. 10 h-23 h.*

L'observatoire Archenhold

Archenhold-Sternwarte

Alt-Treptow 1 (juste derrière le Mémorial) ☎ 536.063.719, www.astw.de. Ouv. mer.-dim. 14 h-16 h 30. Visite guidée jeu. 20 h, sam.-dim. 15 h. Entrée : 6 €.

Fondé en 1896 par le professeur Archenhold, le plus grand observatoire public d'Allemagne a deux titres de gloire : il accueillit le tout premier discours d'Albert Einstein sur la relativité (1915) et il héberge la plus longue **lunette** du monde (21 m). Venez avec vos enfants observer le ciel à travers le télescope géant chaque deuxième vendredi du mois *(sept.-mars)*. Cette institution propose aussi des animations « son et lumière » en été.

L'île de la Jeunesse

Insel der Jugend

Alt-Treptow 6 ☎ 80.96.18.50, www.inselberlin.de. Ouv. restaurant/café : mar.-dim. dès 12 h (avr.-oct.).

L'*Insel*, dont le nom est hérité des Jeunesses communistes des années 1980, est devenue l'un des repères de la branchitude berlinoise. Le petit pont qui mène au faux château moyenâgeux fut édifié en 1916 par des prisonniers de guerre français. Remarquez l'amusant **Walk of Fame** (« promenade des célébrités ») réunissant les empreintes de la patineuse Katarina Witt, du footballeur Franz Beckenbauer… et de l'ourson Knut !

Le Mémorial soviétique

Des vedettes à moteur vous mèneront à Köpenick

Balade secrète

Échappée belle à Köpenick

Pour partir à la découverte du « Grand Berlin », filez à Köpenick avec une vedette… à moteur ! À la belle saison, les bateaux amarrés près du S-Bahn Treptower Park vous conduisent au château baroque et au grand lac de Großer Müggelsee.

Le château de Köpenick**

Schloß Köpenick

Œuvre du Hollandais Rutger von Langerfeld en 1681, ce ravissant château abrite une annexe du **Kunstgewerbemuseum** situé au forum de la Culture *(p. 66)*. Petit royaume Renaissance, baroque et rococo, il compte plus de 500 pièces et une extraordinaire succession de salons « glanés » dans différents palais. Ne manquez pas les trésors de marqueterie du château Haldenstein et la somptueuse Wappensaal ornée des blasons prussiens. Face au corps de logis, la **chapelle protestante** (1685) est signée Arnold Nering, le « père » du château de Charlottenburg *(p. 115)*.

Le lac Großer Müggelsee**

Strandbad Müggelsee

Besoin de chlorophylle ? Envie de canoter ? De musarder dans les bois ? Le plus grand lac de Berlin *(4 km de long et 2,5 km de large)* vous tend les bras et vous invite à rejoindre ses plages aménagées, ses fêtes et ses petits chemins de traverse *(panneaux indicateurs)*. Un endroit très fréquenté en été.

PRATIQUE

Château : Schloßinsel 1 ☎ 266.42.42.42, www.smb.museum.de. Ouv. jeu.-dim. 11 h-17 h. Entrée : 6 €.

ACCÈS EN BATEAU

***Stern und Kreisschiffahrt**, Puschkinallee 15 ☎ 536.36.00, www.sternundkreis.de. Départ de Treptower Park **B1** avr.-oct. t.l.j., mars et nov. w.-e. et j.f. Croisière A/R (3 h 30) ou aller simple (1 h 30). À partir de 12,50 €. Autre accès en S3 et S47 (env. 45 min).* Voir carte en rabat arrière.

Cap à l'ouest

Revanche de l'histoire : le « bon vieil Ouest », quelque peu épargné par les turbulences du XXe s., est désormais convoité par les hôtels les plus *hype* du moment. Pour être à l'avant-garde, il faut désormais bruncher à Schöneberg, bouquiner à Savignyplatz et musarder dans le jardin zoologique. Ceux que la (très relative) ruée vers l'Ouest laissent de marbre contempleront les ors de la monarchie dans l'opulent quartier de Charlottenburg.

PRATIQUE

Restos, hôtels, shopping, activités : voir *p. 172.*
Plans : Autour du Ku'damm, *p. 105*, Du KaDeWe à Schöneberg, *p. 111*, Autour du domaine de Charlottenburg, *p. 115.*

VISITES 12 à 14

Cap à l'ouest

12 Autour du Ku'damm

Le jardin du Käthe-Kollwitz Museum

Ancien cœur de Berlin-Ouest, le quartier de Kurfürstendamm – Ku'damm pour les intimes – reste éminemment populaire. Les grandes enseignes commerciales continuent de fleurir et la tour de 118 m de haut de l'hôtel Waldorf Astoria rivalise d'ambition avec la Potsdamer Platz. En retrait du boulevard, les alentours de la (presque) germanopratine Savignyplatz regorgent de librairies d'art, de galeries et de boutiques design.

- **Point de départ :** le jardin zoologique.
- **À ne pas manquer :** le jardin zoologique et le Käthe-Kollwitz Museum.
- **Plan :** p. 105
- **Précision :** Les **(1)** renvoient aux sites localisés sur le plan ci-contre.
- **Carnet d'adresses :** p. 172.

➤ Le jardin zoologique★★★

Zoologischer Garten

Plan p. 105 / B1 *– Hardenbergplatz 8 (« porte des Lions ») ou Budapester Straße 34 (« porte des Éléphants »). Aquarium : Budapester Straße 32, U9, U12 et S5, S7 Zoologischer Garten ☎ 25.40.10, www.zoo-berlin.de. Ouv. t.l.j. hiver 9h-17h ; à partir d'avr. 9h-18h30.*

ASTUCE POUR LE ZOO

Évitez la file d'attente généralement longue de la porte des Lions, près de la station du S-Bahn Zoologischer Garten. Filez plutôt vers la porte des Éléphants près de l'Aquarium, sur Olof Palme Platz, pour entrer plus vite.

Entrée : 13 € pour les adultes, 6,50 € pour les enfants (20 €/10 € avec aquarium).

Avec 1 500 espèces et 17 000 pensionnaires, le plus ancien zoo d'Allemagne, issu de la **ménagerie royale** de l'île aux Paons *(p. 138)*, est aussi l'un des plus impressionnants au monde par le nombre de ses résidents et leur bonne santé ! Avec, entre autres attractions, son déjeuner des crocodiles. L'**aquarium**, daté de 1913, est presque aussi riche que le zoo lui-même : certains habitats naturels y ont été reconstitués et de grands bassins vitrés à hauteur des enfants permettent de ne pas perdre une miette du spectacle.

Le jardin zoologique

➤ Le lac Neuer See★★

***Plan p. 105 / B1** – Au N-E du zoo, S5, S7 Tiergarten.*

À deux pas du zoo, dans le Tiergarten, poussez jusqu'au lac **Neuer See** dessiné par le paysagiste P. J. Lenné. Sur ses rives, le charmant *biergarten* **Café Am Neuen See** vous propose un tour en barque et des pizzas *(slmt en été, p. 172)*.

À côté, se dresse l'**ambassade d'Espagne** *(Lichtensteinallee 1)*, construite au début du franquisme.

Sur la rive, un mémorial marque le lieu où, en 1919, le révolutionnaire Karl Liebknecht fut abattu *(p. 195)*.

Plus bas, devant le Lichtensteinbrücke (« pont du Lichtenstein »), une plaque indique l'endroit où le corps de Rosa Luxemburg fut précipité dans le canal.

➤ La nouvelle église du Souvenir★

Kaiser-Wilhelm-Gedächtnis-Kirche

***Plan p. 105 / B2** – Breitscheidplatz, U9, U12 et S5, S7 Zoologischer Garten*

☎ 218.50.23. www.gedaechtniskirche-berlin.de. Visite lun.-sam. église ancienne 10 h-18 h, église moderne 9 h-19 h. Entrée gratuite.

Sinistrement surnommée la « dent creuse » (Hohler Zahn), **l'église du Souvenir** est le symbole absolu du désastre de 1945. Sur une plaque apposée dans le sanctuaire en ruine, on peut lire ces quelques lignes : « La tour [...] est là pour rappeler le jugement que Dieu imposa à notre peuple durant la guerre. » À côté, le « rouge à lèvres et le poudrier » (Lippenstift und Puderdose), comme on appelle la nouvelle église érigée en 1961, illumine le Ku'damm de ses 20 000 blocs de verre bleu façonnés à Chartres.

➤ L'Europa-Center

Plan p. 105 / B2 *– U9, U12 et S5, S7 Zoologischer Garten ☎ 348.00.88. Horaires variables selon les commerces.*

Cet immense complexe commercial (1965) s'élève sur l'ancien repaire de la bohème berlinoise qui comprenait de nombreux cafés dont le mythique Romanisches Cafe, haut lieu du mouvement expressionniste. Aujourd'hui, la faune expressionniste a cédé le pas aux *shopping addicts*. À l'intérieur, l'**horloge du Temps qui coule** *(Uhr der fliessenden Zeit)*, qualifiée de « distributeur de jus de fruits » (Fruchtsaftautomat), est l'œuvre du Français Bernard Gitton en 1982. Les touristes trouveront des réponses à toutes leurs questions au BTM Tourist Office *(entrée au n° 45 de la Budapester Straße)*.

Au S de l'Europa-Center, au milieu de la Tauentzienstraße, deux maillons d'aluminium composent ***Berlin***, une œuvre réalisée en 1987 par Brigitte et Martin Matschinsky-Denninghoff.

➤ Le Ku'damm et ses alentours★

Plan p. 105 / A2 *– U1, U9 Kurfürstendamm.*

Kurfürstendamm a été ravagé par la guerre, mais l'avenue conserve de beaux vestiges : un vétéran des années 1950 – l'**Astor Film Lounge** (n° 225) équipé d'un auditorium ivoire – et des façades Art nouveau (nos 218 et 216).

Le centre de la communauté juive

Jüdisches Gemeindehaus

Fasanenstraße 79-80 ☎ 88.02.80. Ouv. lun.-jeu. 10 h-22 h, ven. 10 h-14 h.

Ici se dressait jusqu'en 1938 une grande synagogue réduite en cendre lors de la Nuit de cristal. Le portail, seul élément qui ait résisté aux flammes, est intégré au nouveau bâtiment de 1959. Aujourd'hui, le centre abrite un lieu de culte et une bibliothèque.

Käthe-Kollwitz Museum★★

Fasanenstraße 24 ☎ 882.52.10, www.kaethe-kollwitz.de. Ouv. t.l.j. 11 h-18 h. Entrée : 6 €.

Aménagé dans un hôtel particulier néoclassique de 1871, il réunit l'intégralité des sculptures de cette immense artiste expressionniste disparue à la fin de la Seconde Guerre mondiale.

La villa Grisebach

Fasanenstraße 25.

Cette élégante villa (1892) héberge la **galerie Pels-Leusden** qui organise des expositions et des ventes aux enchères du dernier chic.

The Story of Berlin★★

Kurfürstendamm 207-208, dans le Ku'Damm Karree ☎ 88.72.01.00, www.story-of-berlin.de. Ouv. t.l.j. 10 h-20 h (dernière entrée à 18 h). Entrée : 12 €.

Dans ce musée populaire, près de 800 ans d'histoire berlinoise défilent devant vos yeux sous forme de décors reconstitués : la cour de Frédéric II, un salon berlinois du XIXe s., une salle de séjour typique de l'ancienne RDA… Sans oublier la visite d'un authentique abri atomique datant de la guerre froide. Pédagogique et ludique, grâce à une sonorisation 3D, des écrans tactiles et une muséographie réussie.

PAUSE LITTÉRAIRE

L'exquis café-restaurant **Im Literaturhaus**, niché dans une villa « fin de siècle », comprend un café littéraire avec jardin et une librairie dotée d'un petit fonds francophone. Installé sous les dorures du plafond, bien calfeutré dans le jardin d'hiver, ou à l'extérieur, confortablement assis devant la fontaine, profitez de ce véritable havre de paix.

*➤ **Plan p. 105 / A2** – **Im Literaturhaus,** Fasanenstraße 23, U1 Uhlandstraße ☎ 882.54.14. Ouv. t.l.j. 9 h-minuit.*

➤ Savignyplatz★

***Plan p. 105 / A2** – S5, S7, S9, S75 Savignyplatz.*

Si ce petit Saint-Germain-sur-Spree n'est plus tout à fait le rendez-vous de l'intelligentsia de l'Ouest, il reste très prisé d'une clientèle *arty* plutôt aisée. Au S-O de la place, un petit essaim de **boutiques design**, de **librairies d'art** et de charmants cafés a élu domicile sous les **arcades du S-Bahn** *(S-Bahn-Bögen)*.

➤ Das Verborgene Museum

Le Musée caché

Plan p. 105 / A1 *– Schlüterstraße 70*
☎ 313.36.56. Ouv. expos temporaires jeu.-ven. 15 h-19 h, sam.-dim. 12 h-16 h. Entrée : prix variable selon l'exposition.

Au N-O de Savignyplatz, ce musée, fondé par des féministes et historiennes de l'art, expose des œuvres d'artistes femmes du XXe s. (photographes, sculptrices...) occultées ou « oubliées » par le courant dominant.

➤ La maison Ludwig-Erhard

Plan p. 105 / A1 *– Fasanenstraße 85*
☎ 31.51.00. Hall d'entrée ouv. lun.-ven. 8 h-19 h. Entrée gratuite.

Le Britannique Nicolas Grimshaw – auteur de la gare de Waterloo à Londres – a édifié en 1998 un curieux bâtiment semblable à un gigantesque tatou. Ses arches de béton abritent la **Bourse** et la **chambre de commerce de Berlin**.

➤ Le cinéma Delphi* et le théâtre de l'Ouest*

Plan p. 105 / A2.

Au n°12A de la Kantstraße, le cinéma Delphi, ancienne salle de danse des Années folles, surplombe désormais la boîte de jazz Quasimodo *(☎ 31.80.45.60)*. Au n° 12, le théâtre de l'Ouest (1894) a été marqué par Marlene Dietrich, l'Ange bleu.

➤ Museum für Fotografie*

Musée de la Photographie

Plan p. 105 / B1 *– Jebensstraße 2*
☎ 31.86.48.56, www.helmutnewton.com. Ouv. mar.-ven. 10 h-18 h (20 h jeu.), sam.-dim. 11 h-18 h. Entrée : 10 €. Un billet combiné à 12 € donne également accès au Museum Berggruen et à la Sammlung Scharf-Gerstenberg de Charlottenburg (p. 118).

La Helmut-Newton Foundation, installée dans le musée, réunit les œuvres du photographe et ses objets personnels. Ce bâtiment est le tout dernier que le jeune Newton – Berlinois d'origine juive – aperçut depuis le train qui, en 1938, l'éloignait à jamais de sa ville natale. Les inconditionnels iront se recueillir sur sa tombe *(Stubenrauchtstraße 43-45, U9 Bundesplatz, plot 34)* ou se lover dans les fauteuils en cuir du **Newton Bar**, tapissé de photos de créatures glacées *(p. 160)*.

13 Du KaDeWe à Schöneberg

Wittenbergplatz et le KaDeWe

Haut lieu de la *passeggiata* berlinoise, ponctuée de brunchs et de « raids » dans les brocantes, ce paisible quartier dissimule un passé rock, gay et libertin où flotte le souvenir de Marlene Dietrich et de David Bowie.

- **Point de départ :** Wittenbergplatz.
- **À ne pas manquer :** le Winterfeldtmarkt le mer. et le sam., et la déambulation dans les rues adjacentes.
- **Plan :** p. 111.
- **Carnet d'adresses :** p. 172.

Du KaDeWe à Schöneberg

➤ Wittenbergplatz

Plan p. 111 / A1 *– U1, U3, U12 Wittenbergplatz.*

Réalisée en 1911 dans un style néoclassique, la **station de U-Bahn Wittenbergplatz** est classée monument historique. Sur le quai principal, le sigle du *tube* londonien est un cadeau de la capitale anglaise au Berlin des années 1950.

➤ KaDeWe

Plan p. 111 / A1 – Tauentzienstraße 21-24, U1, U3, U12 Wittenbergplatz ☎ 49.30.212.10, www.kadewe-berlin.de. Ouv. lun.-jeu. 10 h-20 h, ven. 10 h-21 h, sam. 9 h 30-20 h.

Huit étages, 64 Escalators et un choix de 380 000 articles : le **Kaufhaus des Westens** (KaDeWe), qui a fêté ses 100 ans en 2007, est le plus grand magasin du continent européen…

Faites un tour au 6e étage, consacré aux plaisirs des papilles. Le monde entier s'y retrouve : caviar iranien, vins californiens, charcuterie allemande… Quant aux « comptoirs » gastronomiques du 7e étage, ils vous expédient au 7e ciel !

➤ Fuggerstraße et Motzstraße

Plan p. 111 / A1 – U1, U3, U12 Wittenbergplatz.

Lieu de toutes les permissivités, le Schöneberg de l'entre deux-guerres abritait de nombreux clubs de travestis et maisons de tolérance. Aujourd'hui, les drapeaux arc-en-ciel de la fierté gay fleurissent un peu partout le long des Fuggerstraße et Motzstraße…

Au sud-ouest de la Fuggerstraße, la ravissante **Viktoria-Luise-Platz** aurait sans doute plu à Mary Poppins avec sa fontaine joyeuse, sa colonnade pittoresque et ses parterres fleuris.

SAUCISSE ÉCOLOGIQUE

Vous rêvez de déguster une *Currywurst* 100 % bio (eh oui !) ? Allez donc chez **Witty's.**

➤ Plan p. 111 / A1 – Witty's, *Wittenbergplatz, U1, U3, U12 Wittenbergplatz. Ouv. lun.-sam. 11 h-minuit, dim. 12 h-minuit.*

➤ Nollendorfplatz*

Plan p. 111 / A1 – U3, U4 Nollendorfplatz.

La **station U-Bahn Nollendorfplatz** comporte une plaque à la mémoire des déportés stigmatisés par le triangle rose *(Rosa Winkel)*. Dans les années 1933-1940, Berlin, capitale de la liberté homosexuelle, est l'objet d'une terrible purge.

Le Metropol-Goya*

Neues Schauspielhaus

Nollendorfplatz 5.

Élevé en 1906 dans un style Art nouveau, il connaît son heure de gloire de 1927 à 1931 grâce au promoteur du « théâtre prolétarien » **Erwin Piscator** (1893-1966). Banque, salle évangélique, discothèque puis Eros Center, le lieu est finalement devenu un club-restaurant ultra select (**le Goya**).

➤ Schwules Museum

Musée de l'Homosexualité

Plan p. 111 / B1 – Lützowstraße 73, U3, U4 Nollendorfplatz ☎ 69.59.90.50, www.schwulesmuseum.de.
Ouv. lun, mer.-ven. et dim. 14 h-18 h, sam. 14 h-19 h. Entrée : 7,50 €.

Ce musée explore les différentes facettes de la communauté gay berlinoise du XVIIIe s. à nos jours.

➤ Winterfeldtmarkt**

Plan p. 111 / B1-2 – Winterfeldplatz, U3, U4 Nollendorfplatz. Ouv. mer. 8 h-13 h et sam. 8 h-16 h.

C'est l'un des **marchés** les plus complets, les plus conviviaux et surtout l'un des plus « bios » de la ville. Faites comme tout le monde : après vos emplettes, installez-vous à la terrasse de l'un des multiples cafés qui bordent la place, derrière l'église catholique St.-Matthias (1890)…

➤ Goltzstraße

Plan p. 111 / B2 – U7 Kleistpark.

Cafés, petites boutiques vintage, brocantes et multiples cantines *world food* (viet, indien, masaï…), tout incite à vous faire ralentir le pas.

L'immeuble du n° 32 arbore une splendide **façade de briques vernissées** ponctuée de « petites têtes » colorées. Une fantaisie architecturale datée de 1895.

➤ Aux environs de Kleist Park

Plan p. 111 / B2 – U7 Kleistpark.

Réalisée par Carl von Gontard de 1777 à 1780, la **double colonnade** aux nombreuses sculptures baroques orna jusqu'en 1910 le pont royal *(Königsbrücke)*, près d'Alexanderplatz. Au fond du parc, se dresse le bâtiment néobaroque de la **nouvelle cour d'appel** *(Elssholzstraße 30-33)*. Sous le régime national-socialiste, le tribunal y condamna à mort les auteurs de l'attentat manqué contre Hitler (20 juillet 1944).

L'HÔTEL DE VILLE DE SCHÖNEBERG

C'est ici, du haut du balcon de l'hôtel de ville, que le président américain John F. Kennedy prononça cette phrase mémorable le 26 juin 1963 : « Tous les hommes libres sont citoyens de Berlin, et c'est pourquoi, en tant qu'homme libre, je suis fier de pouvoir dire : *ich bin ein Berliner.* »

➤ ***Plan p. 111 / A2 – Rathaus Schöneberg**, J.-F.-Kennedy-Platz, U4 Rathaus Schöneberg.*

14 Autour du domaine de Charlottenburg

Chef-d'œuvre baroque et rococo, la résidence des Hohenzollern ne désemplit jamais : un flot continu de curieux déambule dans la Galerie dorée ou flâne dans le majestueux parc à la « franglaise ». Bonne nouvelle, les abords du château comprennent quelques musées de très haut vol consacrés à l'art du XXe s. Entre la pompe royale et l'abstraction moderne… il ne faut surtout pas choisir !

- **Point de départ :** la cour d'honneur du Château.
- **À ne pas manquer :** le pavillon central du château et l'aile Knobelsdorff, le Museum Berggruen.
- **Plan :** p. 115.
- **Carnet d'adresses :** p. 172.

Autour du domaine de Charlottenburg

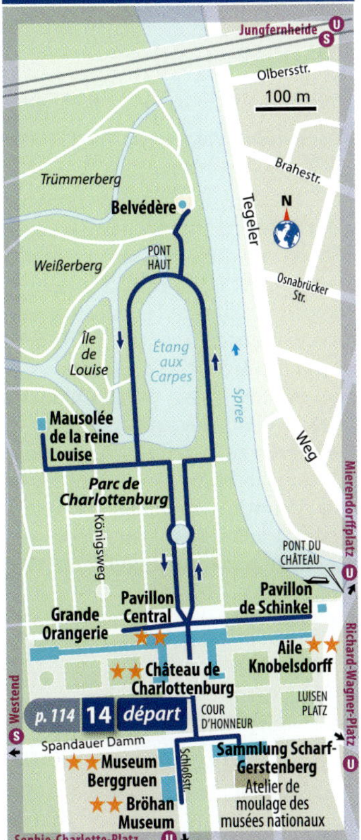

➤ Le château de Charlottenburg★★

Schloß Charlottenburg

***Plan p. 115** – Luisenplatz, U7 Richard-Wagner-Platz. Cour d'honneur ouv. mar.-dim. : avr.-oct. 10 h-18 h ; nov.-mars 10 h-17 h. Entrée jardin gratuite. **Astuce :** dans le domaine du palais, chaque monument ayant son entrée propre, optez pour un ticket combiné à la journée (17 €).*

Passé le portail de la cour d'honneur *(Ehrenhof)* surmonté de deux gladiateurs, l'œil est immédiatement attiré par le dôme majestueux du corps central, signé Eosander von Göthe. Les façades jaunes chantent la gloire du style baroque.

Dans la cour d'honneur, la **statue équestre du Grand Électeur** est inspirée par la figure de l'empereur romain Marc Aurèle. Conçue à l'origine pour le château de Berlin *(en cours de reconstruction)*, la statue équestre avait été mise à l'abri à Potsdam durant la Seconde Guerre mondiale. En 1946, la péniche qui la transportait pour son grand retour à Berlin fit naufrage dans le lac de Tegel. Repêchée quelques années plus tard, la statue a trouvé une place d'honneur… dans la cour du même nom. Remarquez, sous les sabots du cheval, les corps tourmentés des captifs déployant leurs admirables lignes baroques.

Le pavillon Central**

Altes Schloß

☎ *32.09.11. Entrée : 12 €.*

Le rez-de-chaussée

Damas, miroirs, laques de Chine… c'est sous la conduite d'un guide (et patins aux pieds !) que vous contemplerez les joyaux des **appartements de Frédéric Ier et Sophie-Charlotte.** Ils constituent la partie la plus ancienne du château. Le **cabinet des Porcelaines** *(Porzellankabinett)* réunit 2700 pièces de l'époque Kangxi (1662-1722). Au plafond, *L'Aurore guidant le char du Matin* exalte la couronne de Prusse.

Le 1er étage

Dans l'**ancien appartement de Frédéric-Guillaume IV**, admirez la très belle vue sur le jardin et le somptueux service de table du prince héritier *(Kronprinzensilber).*

L'aile Knobelsdorff**

Knobelsdorff-Flügel ou Neuer Flügel

À l'E de la cour d'honneur ☎ *32.09.14.40. Entrée : 8 €.*

Au 1er étage, les **appartements de Frédéric II** surenchérissent de dorures, de boiseries et de motifs floraux. C'est dans cette aile que le « rococo frédéricien », alliance de rococo français et de références classiques, trouve son expression la plus aboutie. Voyez la **Salle blanche** *(Weisser Saal)* dévolue au trône, la **Galerie dorée** *(Goldene Galerie)* réservée aux bals et les pièces consacrées à la **peinture française du XVIIIe s.** – dont le miraculeux *Embarquement pour Cythère* d'Antoine Watteau.

LE MILLEFEUILLE DU XVIIIe S.

Charlottenburg ne s'est pas fait en un jour. Cette « simple » résidence d'été, érigée en 1695 par le Hollandais Arnold Nering, s'est avérée trop modeste lorsque l'Électeur Frédéric Ier (1657-1713) et Sophie-Charlotte de Hanovre (1668-1705) accèdent au titre royal en 1701. Le Suédois Johann Friedrich Eosander von Göthe bâtit donc la Grande Orangerie, la cour d'honneur – inspirée de Versailles – ainsi qu'une coupole baroque qui culmine à 48 m.

Trente ans plus tard, sur les ordres de Frédéric II (1712-1786), les travaux reprennent et c'est à Georg Wenzeslaus von Knobelsdorff que l'on doit l'un des chefs-d'œuvre du rococo « frédéricien » : les salles et galeries de la nouvelle aile, dite aile Knobelsdorff.

Le cabinet des Porcelaines

La Grande Orangerie

Große Orangerie

Plan p. 115 – À l'O de la cour d'honneur ☎ 25.81.03.50, www.orangerie-charlottenburg.com.

Située dans l'aile ouest du château, la **Grande Orangerie** est réservée aux expositions temporaires.

➤ Le parc de Charlottenburg

Schloßgarten

Plan p. 115 – Spandauer Damm, entrée possible par la Luisenplatz, U7 Richard-Wagner-Platz ☎ 32.09.11. Ouv. t.l.j. 6h30-20h. Entrée gratuite.

Créé en 1697 par S. Godeau, élève de Le Nôtre, il est transformé par Lenné en jardin à l'anglaise au début du XIXe s., avant de devenir résolument… franglais ! Depuis son réaménagement, le centre a été restauré « à la française » et les alentours « à l'anglaise ». Le charmant **étang aux carpes** *(Karpfenteich)*, dévasté par la guerre, a été reconstitué à l'identique.

Le pavillon de Schinkel*

Schinkel-Pavillon ou Neuer Pavillon

Au bord de la Spree, à l'extrémité de l'aile Knobelsdorff ☎ 32.09.11. Ouv. mar.-dim. : avr.-oct. 10h-18h ; nov.-mars 12h-16h. Entrée : 4 €.

De retour d'Italie, Schinkel édifie ce pavillon (1825) sur le modèle d'une villa napolitaine dont Frédéric-Guillaume III était tombé amoureux. Sobre et confortable, la résidence d'été du roi paraît presque bourgeoise à côté du fastueux château de Charlottenburg.

Le belvédère*

Derrière la pièce d'eau ☎ 32.09.11.
Ouv. avr.-oct. mar.-dim. 10 h-18 h.
Entrée : 3 €.

C'est dans cette exquise maison de thé aux tons pastel que le roi **Frédéric-Guillaume II** organisa des séances spirites et rose-croix.

Autres temps, autres mœurs : les lieux hébergent désormais le **musée de la Porcelaine berlinoise**, consacré aux merveilles de la manufacture **KPM,** fondée en 1751.

Le mausolée de la reine Louise

Mausoleum

Dans l'axe de l'ancien théâtre de Langhans ☎ 32. 09.14.46. Ouv. avr.-oct. mar.-dim. 10h-18h. Entrée : 2 €. F. en hiver.

Ce petit temple dorique érigé en 1810 abrite la dépouille de la très belle souveraine, morte à 34 ans d'une infection pulmonaire. Le **sarcophage de la reine** et celui de son inconsolable époux, **Frédéric-Guillaume III** (1770-1840), furent exécutés en marbre de Carrare par Christian Daniel Rauch (1777-1857).

Sous le mausolée, une crypte fermée au public abrite les dépouilles de la princesse de Liegnitz (seconde épouse de Frédéric), ainsi que de Guillaume III et du Prince Albrecht (le fils benjamin de Frédéric-Guillaume III).

➤ Museum Berggruen**

Musée Berggruen

Plan p. 115 *– Schloßstraße 1,*
U7 Richard-Wagner-Platz
☎ 266.42.42.42, www.smb.museum.de.
Ouv. mar.-dim. 10 h-18 h.
Entrée : 10 €, billet couplé avec la Sammlung Scharf-Gerstenberg.
Audioguide en français.

Braque, Giacometti, Matisse et les autres : la centaine de tableaux réunis par Heinz Berggruen, un intime de Picasso, fait tourner les têtes. Berlinois d'origine, ce collectionneur et mar-

PAUSE BRASSERIE

Une grande terrasse juste à côté du château pour savourer des plats copieux à un prix raisonnable.
➤ Plan p. 115 – Brauhaus Lemke,
Luisenplatz 1 ☎ 30.87.89.79,
www.brauhaus-lemke.com.
Ouv. t.l.j. 11 h-minuit.

ACCÈS MALIN

Pour 12 €, le pass AreaTicket vous donne accès au Museum Berggruen, à la Sammlung Scharf-Gerstenberg et au Museum für Fotografie *(p. 109)* sur une journée.

chand d'art, qui vécut la plus grande partie de sa vie en France, a cédé sa collection à la capitale allemande « pour qu'elle rattrape le temps perdu ». Outre de nombreuses œuvres du maître catalan – dont le ***Portrait de Dora Maar*** (1936) –, le musée met en lumière l'univers de **Paul Klee** et rappelle la dette du cubisme à l'égard de la **sculpture africaine**.

➤ Bröhan Museum**

Musée Bröhan

Plan p. 115 *– Schloßstraße 1A, U7 Richard-Wagner-Platz*
☎ 32.69.06.00, www.broehan-museum.de. Ouv. mar.-dim. 10 h-18 h. Entrée : 8 €.

Issu de la collection privée de Karl H. Bröhan (1921-2000), ce musée présente les trésors de l'**Art nouveau**, de l'**Art déco** et du **fonctionnalisme** (1889-1939) dans une atmosphère intime propice à la rêverie. Verres précieux d'Émile Gallé, mobilier d'Hector Guimard ou de Louis Majorelle, pièces d'argenterie d'Émile Puiforcat… le tout dans l'ambiance cosy d'un appartement d'époque ! On y prendrait volontiers ses aises…

➤ Sammlung Scharf-Gerstenberg

Collection Scharf-Gerstenberg

Plan p. 115 *– Schloßstraße 70, U7 Richard-Wagner-Platz*
☎ 266.42.42.42, www.smb.museum.de. Ouv. mar.-ven. 10 h-18 h, sam.-dim. 11 h-18 h. Entrée : 10 €, billet couplé avec le Museum Berggruen.

Axée sur les **surréalistes** et leurs précurseurs – René Magritte, Max Ernst, Goya, Gustave Moreau… –, la collection d'Otto Gerstenberg (1848-1935), exposée sur trois étages, s'est récemment enrichie d'une salle de projections où sont diffusés des chefs-d'œuvre surréalistes, tel *Un chien andalou* de Luis Buñuel.

Le Grand Berlin

Pour comprendre Berlin, il faut savoir aussi s'éloigner du centre-ville, aller là où la cité renoue avec ses racines rurales, près d'un lac ou d'une forêt. Dès les premiers beaux jours, le cœur de Berlin palpite au-delà du Ring, l'« anneau » du S-Bahn qui encercle la ville. Les quartiers alentour possèdent un charme bucolique qui réserve bien des surprises : une villa marquée par les ténèbres, un Stade olympique passé à la postérité et le plus grand jardin botanique d'Europe.

PRATIQUE

Restos, hôtels, shopping, activités : voir *p. 177*.
Plans : Du Stade olympique à Teufelsberg, *p. 123*, Dahlem, *p. 130*, Wannsee *p. 136-137*.
Se déplacer :
Les visites de ce chapitre sont toutes accessibles en transport en commun depuis le centre-ville.
Celles-ci étant assez étendues, nous vous conseillons de louer un vélo dans le centre-ville de Berlin *(p. 216)* et de le transporter dans les S-Bahn et U-Bahn en dehors des heures de pointe, moyennant un supplément de 1,70 € à 5,10 €.

VISITES 15 à 17

Le Grand Berlin

La villa de la conférence de Wannsee

15 Du Stade olympique à Teufelsberg

Le Stade olympique

Du muscle et de la sueur, des transes collectives et des drames historiques : voilà ce qu'évoque le monumental Olympiastadion, ce Colisée des temps modernes commandité par Hitler… À l'ombre du géant s'épanouissent des beautés plus secrètes qui ne demandent qu'à être explorées : une Cité radieuse, un musée enchanté et… surtout, à l'ouest de la forêt de Grunewald, un mont gentiment diabolique.

- **Point de départ :** le Stade olympique.
- **À ne pas manquer :** le stade olympique et la Cité radieuse Le Corbusier.
- **Plan :** p. 123
- **Carnet d'adresses :** p. 177.

Du stade olympique à Teufelsberg

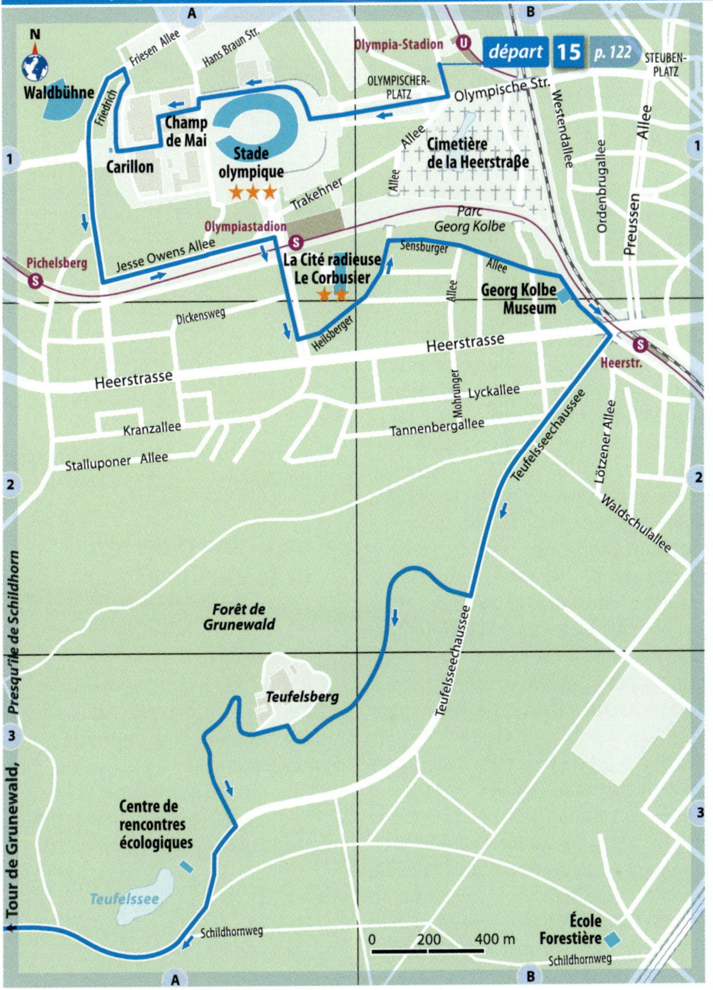

➤ Le Stade olympique★★★

Olympiastadion

Plan p. 123 / A1 *– Olympischer Platz 3, U12 Olympia-Stadion et S5 Olympiastadion ☎ 25.00.23.22, www.olympiastadion-berlin.de. Ouv. t.l.j. 1er juin-15 sept. : 9 h-20 h ; 16 sept.-31 oct. et 20 mars-31 mai : 9 h-19 h ; 1er janv.-19 mars : 10 h-16 h. Entrée combinée avec le carillon : 7 €.*

Un antre, un gouffre, un abîme : c'est l'impression que donne cette ahurissante place de 132 ha qui imprégna la mémoire collective du XXe s… ainsi que la pellicule de la cinéaste Leni Riefenstahl (1902-2003), auteur en 1936 des *Dieux du stade*, le célèbre film à la gloire des athlètes, qui servit de propagande aux nazis.

Conçu à la demande du Führer pour les Jeux olympiques de 1936, ce « chef-d'œuvre » d'architecture fasciste repose sur une astuce du constructeur Werner March : situé en contrebas d'une petite colline, le stade semble modeste. C'est en l'approchant de plus près qu'il donne toute la mesure… de sa démesure.

Rénovée pour la Coupe du monde de football de 2006, l'« arène berlinoise », rehaussée d'un toit de verre luminescent, comprend 74 000 places. N'hésitez pas à piquer une tête dans la piscine historique qui se trouve derrière le stade !

LE SPORT ET L'HISTOIRE

En 1936, les quatre médailles d'or de l'athlète noir-américain Jesse Owens infligent un tel camouflet à la théorie de la supériorité aryenne qu'Hitler refuse de serrer la main au champion. En 1938, en revanche, des footballeurs anglais consentent à effectuer le salut nazi avant un match. À la fin de la guerre, ce sont également les Britanniques qui sauvent le stade des bombes soviétiques…

(Sommerbad Olympiastadion ☎ 66.63. 11.52 ; ouv. mai-sept. t.l.j. 7 h-20 h).

➤ Le Champ de mai et le carillon★

Maifeld und Glockenturm

Plan p. 123 / A1 *– Am Glockenturm, U12 Olympia-Stadion et S5 Olympiastadion.*

Cette vaste esplanade, qui servait aux rassemblements des nazis avant-guerre, accueillit les épreuves hippiques en 1936 avant de devenir le terrain d'exercices des forces britanniques d'occupation.

Le carillon

☎ 305.81.23, www.glockenturm.de. Ouv. avr.-oct. 9 h-18 h. Entrée combinée avec le Stade olympique : + de 5 €.

Érigé à l'époque nazie, il pèse la bagatelle de 2,5 t et n'a retenti qu'à deux reprises : pour marquer le début et la fin des Jeux olympiques. Il est doté d'un nouvel ascenseur vitré, qui vous expédie à 77 m au-dessus du sol. Au rez-de-chaussée, **exposition** rétrospective sur les Jeux olympiques.

➤ Waldbühne

Plan p. 123 / A1 – Au N-O du carillon, sur la Friedrich-Friesen-Allee, U12 Olympia-Stadion et S5 Olympiastadion.

Cet immense **théâtre** niché dans les bois peut réunir jusqu'à 20 000 personnes. Lieu chéri des Berlinois, il a connu des périodes mouvementées : le 15 septembre 1965, lors d'un concert historique des Rolling Stones, 21 000 spectateurs électrisés l'ont mis à sac.

➤ La Cité radieuse Le Corbusier★★

Corbusier-Haus

Plan p. 123 / A1 – Flatowallee 16, entre Flatowallee et Heilsberger-Allee, S5 Olympiastadion. N'hésitez pas à pénétrer dans le hall d'entrée.

Édifiée en 1957, durant l'effervescence « bâtisseuse » d'après-guerre, cette œuvre de Le Corbusier est la troisième **unité d'habitation** créée par l'architecte urbaniste, après celles de Marseille (1946-1952) et de Rezé près de Nantes (1953-1955). Pour le maître franco-suisse, « là où naît l'ordre, naît le bien-être ». Cette cité fonctionnelle comporte tous les équipements collectifs nécessaires à la vie de 1 500 habitants (garderie, laverie, piscine, école, commerces, bibliothèque, lieux de rencontre). Tout comme à Marseille, les résidents de La Cité radieuse, conscients de vivre dans une « icône architecturale », n'appartiennent plus guère à la classe ouvrière.

La Cité radieuse

➤ Le cimetière de la Heerstraße

Friedhof Heerstraße

***Plan p. 123 / B1** – Sensburger Allee, face au beau parc Georg-Kolbe, orné de sculptures, S5 Heerstraße ☎ 28.47.17.09. Ouv. t.l.j. : avr.-sept. 7 h-20 h ; oct.-mars 8 h-18 h. Accès libre.*

Créé en 1920, ce cimetière boisé agrémenté d'un petit lac est l'œuvre d'Erwin Barth, l'administrateur des jardins de Charlottenburg *(p. 115)*. Ouvert à toutes les religions, il offre l'ultime repos à de nombreux artistes : parmi eux, la comédienne **Tilla Durieux** (1880-1971), cofondatrice du théâtre de Nollendorfplatz *(p. 112)* et, bien sûr, le sculpteur **Georg Kolbe** (1877-1947) qui résidait dans le quartier. Le caveau familial de ce dernier – dessiné par ses soins – comprend trois piliers allégoriques : celui de gauche représente la Terre, celui de droite symbolise le Paradis et celui du centre commémore l'épouse de l'artiste prématurément disparue.

➤ Georg Kolbe Museum*

Musée Georg-Kolbe

***Plan p. 123 / B1** – Sensburger Allee 25, S5 Heerstraße ☎ 304.21.44, www.georg-kolbe-museum.de. Ouv. mar.-dim. 10 h-18 h. Entrée : prix variable selon l'exposition.*

Sorte de Maillol d'outre-Rhin, Georg Kolbe fait construire cette maison de style Bauhaus en 1928, alors qu'il est à l'apogée de sa célébrité. Le musée possède 1 500 dessins et 180 sculptures de l'artiste aux lignes magnifiquement épurées. Admirez cette ***Jeune fille*** (1912), merveille de délicatesse, ou – côté jardin – cette ***Fontaine des danseuses*** (1922), bouillonnante de vitalité.

➤ La forêt de Grunewald*

***Plan p. 123 / AB2-3** – S5 Heerstraße.*

L'ancienne réserve de chasse des Princes Électeurs déploie 3 100 ha de forêt. C'est le plus vaste espace boisé de Berlin, émaillé de lacs et de sentiers. À l'école forestière, située à l'E de Grunewald, les plus studieux pourront devenir incollables sur le biotope. En été, randonnées sous les étoiles avec des guides expérimentés, en allemand uniquement *(**École forestière** ; Königsweg 4, Grunewald ; S7 Grunewald ☎ 813.34.42, www.waldmuseum-waldschule.de ; ouv. en hiver mar.-ven. 10 h-15 h, dim. 13 h-16 h ; entrée : 1,50 €)*.

Teufelsberg*

Destination favorite des amateurs de **snowboard** (il existe même une

Un chemin dans la forêt de Grunewald

remontée mécanique !), de **cerfs-volants** et de pique-niques, cette éminence de 120 m de haut cache bien son jeu : c'est en réalité un *Trümmerberg*, un tertre artificiel composé de décombres de la Seconde Guerre mondiale (25 millions de m^3). La colline renfermerait même les vestiges d'une école militaire conçue par l'architecte nazi Albert Speer (1905-1981).

Mais il y a mieux : comme le signalent les drôles de **bulbes blancs** au sommet du mont, la NSA (National Security Agency) américaine installa ici dans les années 1960 l'un des premiers postes d'interception d'ondes satellites. La station aurait ainsi espionné la RDA durant toute la guerre froide. Aujourd'hui, le centre est désaffecté, mais il est facile d'imaginer l'ampleur des opérations, au vu des nombreux câbles et tableaux électriques encore visibles… Comme les Allemands ont le sens de l'humour, tous– ceux qui étaient de l'Ouest et ceux qui ne l'étaient pas– viennent trinquer le 31 décembre en haut de la colline du Diable *(Teufelsberg)*.

Empruntez l'un des nombreux sentiers qui partent du sommet – tels que le Drachenfliegerweg (sentier balisé) – et descendez la Teufelsseechaussee jusqu'au lac *(1,3 km de plus)*.

Le Teufelssee

Env. 20 min de marche au S du mont.

Après la montagne du Diable, voilà le «lac du Malin» *(Teufelssee)* ! C'est sans doute ce que penseront les puritains devant ce lieu de baignade prisé des **naturistes** ! Dans l'ancienne usine des eaux *(Wasserwerk)* qui jouxte le lac, un **centre de rencontres écologiques** *(Ökowerk, Teufelsseechaussee 22 ☎ 300.00.50, www.oekowerk.de. Ouv. mar.-dim. jusqu'à 18 h l'été, 16 h l'hiver ; entrée : prix variable selon les expositions)* propose des activités dédiées à l'environnement : excursions, expositions, fêtes…

PAUSE CAFÉ

Entre deux baignades dans les eaux du Teufelssee, le **Petit café bio** accueille les individus «textiles», c'est-à-dire habillés.

➤ ***Plan p. 123 / A3 – Petit café bio,*** *Ökowerk Teufelssee, Teufelsseechaussee 22-24 ☎ 300.00.50. Ouv. en hiv. sam.-dim. et j.f. 11 h-16 h ; en été sam.-dim. et j.f. 12 h-18 h.*

Vers Schildhorn et la tour de Grunewald

En continuant vers le sud-ouest *(50 min de marche)*, vous atteindrez la **presqu'île de Schildhorn**, qui offre une promenade des plus plaisantes au bord de l'eau. En prenant à droite sur la Havelchaussee *(vers le nord)*, vous rejoindrez rapidement la **tour de Grunewald**. L'histoire de la première tient de la légende : au Moyen Âge, le prince de Köpenick aurait réussi à échapper au margrave (gouverneur de province) Albert l'Ours en se jetant à l'eau ; au passage, il aurait laissé son bouclier *(Schild)*, qui aurait donné son nom au lieu. La seconde, un édifice néogothique de 1897 édifié en l'honneur de Guillaume Ier, offre un **panorama** de toute beauté… à condition de grimper ses 250 marches ! *(ouv. t.l.j. de 10 h à la tombée de la nuit ; accès par le bus 218 à partir du S-Bahn Heerstraße ; entrée : 3 €).*

16 Dahlem

La serre du jardin botanique

Jusqu'à récemment, Dahlem était surtout réputé pour ses admirables musées, regroupant les arts et cultures du monde. Aujourd'hui, après le retour de la plupart des collections dans le centre de Berlin, ne reste plus à Dahlem que le Museum Europäischer Kulturen. Vous découvrirez également le plus grand jardin botanique d'Europe, et une promenade à vélo dans la forêt de Grunewald vous apportera une grande bouffée d'oxygène.

- **Point de départ :** la gare U-Bahn Dahlem-Dorf.
- **À ne pas manquer :** le jardin botanique et le Brücke Museum.
- **Plan :** p. 130
- **Carnet d'adresses :** p. 177.

Dahlem

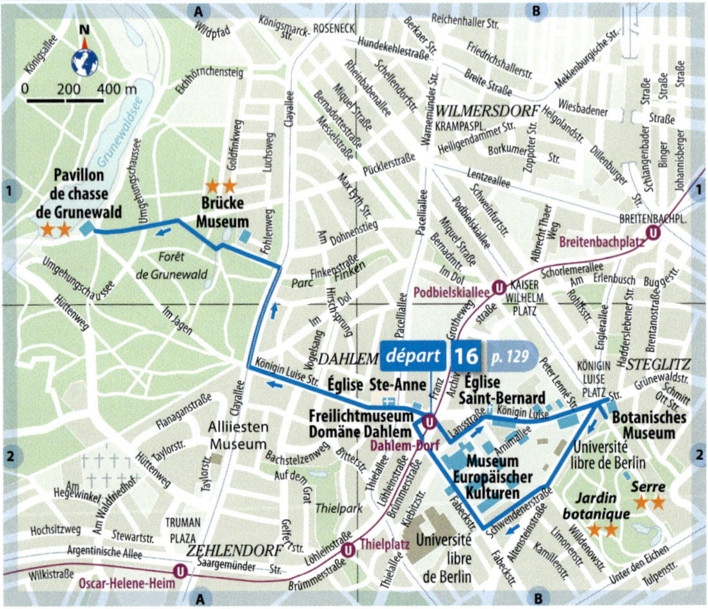

➤ U-Bahn Dahlem-Dorf

***Plan p. 130 / B2** – U3 Dahlem-Dorf.*

Tout droit sortie d'un conte des frères Grimm, la station U-Bahn Dahlem-Dorf, semblable à une ferme à colombages, est un petit caprice de l'empereur Guillaume II en 1913.

➤ Museum Europäischer Kulturen*

Musée des Cultures européennes

***Plan p. 130 / B2** – Lans-straße 8 ou Arnimallee 25, U3 Dahlem-Dorf ☎ 266.42.42.42, www.smb.museum/home.html. Ouv. mar.-ven. 10 h-17 h, sam.-dim. 11 h-18 h. Audioguides en* *français. Notices d'explication à l'entrée. Entrée : 8 €. Café-resto au r.-d.-c.*

Fusion en 1999 de l'ancien musée du Folklore (1889) et de la collection européenne du musée d'Ethnographie, il comprend 27 000 objets issus des traditions populaires du « vieux continent », du XVIIIe s. à nos jours. L'occasion de rappeler que l'exotisme est aussi près de chez nous.

➤ L'église Saint-Bernard

St Bernhard

***Plan p. 130 / B2** – Königin-Luise-Straße 33, U3 Dahlem-Dorf ☎ 831.11.31. Ouv. t.l.j. à partir de 8 h. Messe dim. à 11 h. Entrée gratuite.*

Inauguré en 1934, partiellement détruit en 1943 et reconstruit en 1952, ce sanctuaire en briques rouges s'inspire du courant architectural de la nouvelle objectivité *(Neue Sachlichkeit)* qui prône, à partir des années 1920, l'**abstraction des formes** et la **netteté des lignes**.

À l'intérieur, admirez les **vitraux** réalisés par Paul Corazolla en 1983. Mention spéciale pour le **bénitier** épuré et les belles **poignées de porte ailées**.

L'un des espaces du jardin botanique

➤ Le jardin botanique★★

Botanischer Garten

Plan p. 130 / B2 – Unter den Eichen 5-10 ou Königin-Luise-Platz, U3 Dahlem-Dorf ☎ 838.501.00. Ouv. t.l.j. dès 9 h ; f. au coucher du soleil, au plus tard 21 h. Entrée : 6 €.

Ce jardin abrite plus de 22 000 espèces sur 43 ha, ce qui fait de lui le plus grand d'Europe. Créé au tournant du siècle (1897-1910), il était destiné à remplacer celui de Kleist Park *(p. 113)*, devenu trop exigu. Jardin de l'odorat et du goût, pavillon japonais, roseraie, plantes médicinales… les lieux dressent un inventaire enchanteur des différentes espèces végétales, qui prennent toute leur mesure à la belle saison.

La serre★★

Sous ses 25 m de haut et ses 30 m de large, la plus vaste serre du monde héberge tout un peuple de bambous, d'orchidées et de plantes carnivores.

Botanisches Museum

Musée botanique

Entrée par Königin-Luise-Straße. Ouv. t.l.j. 10 h-18 h. Entrée incluse dans le billet du jardin botanique.

Ce musée gentiment décati comprend un herbier de plus de 2 millions d'espèces et accueille des expositions sur la paléontologie et la physiologie végétales.

➤ Freilichtmuseum Domäne Dahlem

Musée en plein air de Dahlem

Plan p. 130 / B2 – Königin-Luise-Straße 49, U3 Dahlem-Dorf ☎ 666.30.00, www.domaene-dahlem.de. Ouv. t.l.j. 8 h-19 h. Entrée : 2 € pour les marchés bio quand il y en a, sinon entrée gratuite.

Vaches, poules, cochons… Les citadins en culotte courte adoreront ce domaine agricole construit autour d'un manoir de 1560 (l'un des plus anciens de la ville). Sur place, vente directe des produits du terroir 100 % bio, animations folkloriques et activités du temps passé telles que le filage, la poterie ou la ferronnerie.

➤ L'église Sainte-Anne

St Annen-Kirche

Plan p. 130 / B2 – Angle de Königin-Luise-Straße et Pacelliallee, U3 Dahlem-Dorf. Ouv. sam.-dim. 11 h-13 h.

Une atmosphère féerique enveloppe cette adorable petite église du XIVe s. accompagnée de son cimetière « de poche ». Avec un peu de chance (la porte est souvent close), les **fresques médiévales** qui illustrent la légende de sainte Anne s'offriront à vos yeux.

Le Brücke Museum

➤ Brücke Museum★★

Plan p. 130 / A1 – Buss-ardsteig 9, à 2,5 km N-O de la station U-Bahn Dahlem-Dorf ☎ 831.20.29, www.bruecke-museum.de. Ouv. mer.-lun. 11 h-17 h. Entrée : 5 €.

En bordure de la forêt de Grunewald, le Brücke Museum rassemble une collection tout à fait exceptionnelle du mouvement esthétiquement révolutionnaire né à Dresde en 1905. Traits abrupts, lignes acérées, aplats de couleur : voyez, entre autres merveilles, la ***Marcella*** d'E.L. Kirchner (1880-1938) ou le ***Portrait de R. Schapire*** de K. Schmidt-Rottluff (1884-1976).

➤ Le pavillon de chasse de Grunewald★★

Jagdschloß Grunewald

Plan p. 130 / A1 – Hüttenweg 100, à env. 3 km N-O de la station U-Bahn Dahlem-Dorf ☎ 813.35.97. Ouv. avr.-oct. : mar.-dim. 10 h-18 h ; mars : sam.-dim. 10 h-16 h ; f. nov.-fév. Visites guidées 10 h-16 h. Entrée : 6 €.

Au bord du lac Grunewaldsee se dresse le pavillon de chasse de Grunewald. Ce ravissant châtelet de 1542 – le plus vieux de la ville – abrite plus de 200 tableaux allemands et néerlandais datés du XIVe au XIXe s., dont quelques chefs-d'œuvre de Lucas Cranach l'Ancien (1472-1553). Concerts dans la cour en été.

PAUSE EN FORÊT

Le Chalet suisse est un adorable chalet en pleine forêt, idéal pour savourer des spécialités allemandes sous influence française.
➤ ***Plan p. 130 / A1 – Chalet suisse,*** *Clayallee 99 ☎ 832.63.62, www.chalet-suisse.de. Ouv. t.l.j. 12 h-22 h.*

17 Wannsee

La plage de Wannsee

Journée radieuse sur les rives du lac Wannsee : chemins verdoyants, doux clapotis, toquades de princes. Ce décor absolument idyllique, situé à la frontière de Potsdam, dissimule un tragique passé : c'est dans l'une de ces belles villas luxueuses du bord de l'eau que l'anéantissement total des Juifs d'Europe est décrété en 1942. Ici se rejoignent le Berlin des ombres et le Berlin des lumières.

- **Point de départ :** la gare S-Bahn Wannsee.
- **À ne pas manquer :** une baignade dans le lac de Wannsee, une promenade sur l'île aux Paons, le domaine Klein Glienicke.
- **Plan :** p. 136-137.
- **Carnet d'adresses :** p. 177

➤ Plage de Wannsee

Strandbad Wannsee

Plan p. 136-137 / C1 *– Wannseebadweg 25, S7 Nikolassee ou Wannsee (15 min de marche ou bus en été), www.strandbadwannsee.de. Ouv. mai-sept. Accès : 5,50 €, animaux interdits.*

Inaugurée en 1907 et immortalisée par Heinrich Zille, cette vaste plage de 1,3 km – dont le sable provient de la mer Baltique – est surtout connue pour… ses bains de foule aux premiers rayons du soleil. Le « Lido berlinois » accueille jusqu'à 40 000 personnes le week-end et peut faire regretter des coins plus secrets.

➤ La tombe de Heinrich von Kleist

Kleistgrab

Plan p. 136-137 / C2 *– Depuis le S-Bahn, traversez la Königstraße et prenez la Bismarckstraße sur la g. La tombe se situe entre les nos 2 et 4.*

Le 21 novembre 1811, c'est ici, au bord du lac Kleiner Wannsee, que l'auteur de *Penthésilée*, âgé de 34 ans, tira une balle dans le cœur de sa bien-aimée Henriette Vogel, atteinte d'un mal incurable, avant de retourner l'arme contre lui. On dit qu'un bosquet de peupliers vint orner la tombe sur laquelle se distinguent deux vers du *Prince de Hombourg* : « *Nun, O Unsterblichkeit, Bist Du Ganz Mein* » (« Maintenant, ô immortalité, tu es tout à fait à moi »).

➤ La villa de Max Liebermann★

Liebermann-Villa am Wannsee

Plan p. 136-137 / C1 *– Colomierstraße 3, bus 114 depuis la station S-Bahn, arrêt Liebermann-Villa ☎ 80.58.59.00.59.00. www.max-liebermann.de. Ouv. avr.-sept. : mer., ven., sam. 10 h-18 h, jeu. et dim. 10 h-19 h ; oct.-mars : mer.-lun. 11 h-17 h. Entrée : 8 €.*

Édifiée en 1909, cette belle villa d'été, aménagée en musée depuis 2006, appartenait à Max Liebermann (1847-1935), l'un des maîtres de l'avant-garde allemande. Le peintre y composa plus de 200 tableaux avant de mourir dans la solitude, victime de l'ostracisme nazi. En 1943, sa veuve se suicide pour échapper à la déportation. Une histoire tragique qui contraste douloureusement avec l'éclat et la sensualité des toiles exposées.

➤ La villa de la conférence de Wannsee★

Haus der Wannsee-Konferenz

Plan p. 136-137 / C1 *– Am-Großen-Wannsee 56-58, bus 114 Haus der*

Wannsee

Wannsee-Konferenz ☎ 805.00.10. www.ghwk.de. Ouv. t.l.j. 10 h-18 h. Entrée gratuite.

Le 20 janvier 1942, c'est dans cette immense demeure – réalisée par Paul O. A. Baumgarten (1848-1928),

architecte de la villa Liebermann, en 1914 – que se tient l'infamante conférence au cours de laquelle quatorze hauts fonctionnaires nazis planifient l'extermination massive des juifs d'Europe. Depuis le 20 janvier

1992, la villa-mémorial abrite une exposition consacrée au génocide des Juifs d'Europe.

Poursuivez sur la rue Am-Großen-Wannsee et obliquez à dr. vers le **Lion de Flensburg** qui commémore une victoire danoise sur les Allemands lors de la bataille d'Idstedt (25 juillet 1850). Les courageux rejoindront l'île aux Paons par la ravissante **Uferpromenade** *(de 3,5 à 4 km)*… Les autres regagneront la Königstraße et prendront le bus 218 (délicieusement rétro). À la morte saison, les bus passent toutes les 2 h en semaine (30 min en été) !

Château sur l'île aux Paons

➤ L'île aux Paons*

Pfaueninsel

Plan p. 136-137 / A1 *– Bac (1 €) : mars-avr. et sept.-oct. 9 h-18 h, mai-août 8 h-20 h, nov.-fév. 10 h-16 h. Parc : nov.-fév. 10 h-16 h, mars-avr. et sept.-oct. 9 h-18 h, mai-août 9 h-20 h. Entrée château : 3 € ; entrée laiterie : 3 €.*

Frédéric-Guillaume II (1744-1797) choisit cette île enchanteresse pour abriter ses amours avec Wilhelmine Encke (1753-1820), fille d'un roturier joueur de cor devenue comtesse de Lichtenau. Pour les beaux yeux de la « Pompadour de Prusse », il fait édifier en 1797 un **petit château** en bois, charmante « folie » imitant une ruine. L'île est une **réserve naturelle** de 76 ha, réaménagée en 1834 par le paysagiste P.J. Lenné (1789-1866), où s'ébattent paons, perroquets et canards… Pour la joie des grands et (surtout) des petits, elle abrite quelques curiosités admirablement kitsch : une **laiterie** faussement gothique réalisée par J.G. Brendel, l'architecte du château, ainsi qu'un **chalet suisse** de fantaisie et une **maison des Chevaliers** construits par Schinkel. La **volière** s'inscrit dans la continuité de la ménagerie de 1822 qui inspira le jardin zoologique *(p. 105)*.

➤ L'église Saint-Pierre

St Peter und Paul Kirche.

***Plan p. 136-137 / A2** – Nikolskoer Weg 17, S7 Wannsee puis bus 218, arrêt Pfaueninsel, puis 10 min de marche ☎ 805.21.00, www.kirche-nikolskoe.de. Ouv. t.l.j. 11 h-16 h. Entrée gratuite.*

Vingt ans après son cadeau au tsar Nicolas Ier, Frédéric-Guillaume III persiste et signe. De 1834 à 1837, c'est à Albert Dietrich Schadow et Friedrich August Stüler (le « père » de l'Alte Nationalgalerie, *p. 50*) qu'il confie la construction de cette église coiffée d'un bulbe au charme irrésistiblement russe.

➤ La datcha de Nikolskoe★

***Plan p. 136-137 / A2** – Nikolskoer Weg 15, S7 Wannsee puis bus 218, arrêt Pfaueninsel, puis 10 min de marche ☎ 805.29.14.*

C'est au roi de Prusse Frédéric-Guillaume III que nous devons ce petit morceau de la Sainte Russie. En 1817, sa fille Charlotte épouse le grand-duc Nicolas, futur tsar Nicolas Ier. Deux ans plus tard – bon prince –, le roi offre cette belle datcha en bois baptisée *Nikolskoe* (« à Nicolas »). Elle abrite un restaurant, le **Blockhaus Nikolskoe** *(p. 177)* qui offre une superbe vue sur la Havel.

➤ Domaine Klein Glienicke★★

Volkspark Klein-Glienicke

***Plan p. 136-137 / Hors pl. par A2** – Königstraße 36, S7 Wannsee puis bus 316 arrêt Schloß Glienicke ☎ 805.86.750. Ouv. avr.-oct. : mar.-dim. 10 h-18 h ; mars et nov.-déc. : sam.-dim. et j.f. 10 h-17 h. Entrée : 5 €.*

Cette exquise résidence d'été aux confins de Berlin et de Potsdam fut acquise en 1824 par le prince Karl de Prusse (1801-1883).

Dans le **parc à l'anglaise** truffé de charmants petits recoins, le casino (1824) est un petit chef-d'œuvre de raffinement à l'italienne, tandis que la **Grande Curiosité** (Große Neugierde) – jolie rotonde rythmée par d'élégantes colonnades – offre une vue imprenable sur Potsdam.

Le château néoclassique (1827), paré de marbres et de bois précieux, abrite un **musée** retraçant l'histoire des jardins prussiens.

Potsdam

Pour prendre le large, direction Potsdam ! Nichée au bord de la Havel, la capitale du land de Brandebourg exalte la magnificence prussienne. Jusqu'à la chute du Mur, le domaine de Sans-Souci – terre d'asile de Voltaire qui y fut l'hôte régulier du roi – était inaccessible aux Allemands de l'Ouest. Désormais, *Ossis* et *Wessis*, suivis d'une foule de touristes, contemplent en chœur les Lumières allemandes. Un parçours éblouissant.

PRATIQUE

Plans : Potsdam, côté ville *p. 143,* Le domaine de Sans-Souci *p. 150-151.*
Accès : à 25 km O de Berlin. S7 arrêt Potsdam Hauptbahnhof (zones ABC) ou train régional depuis Alexanderplatz ou Hauptbahnhof (RE1, terminus Potsdam Stadt ; 35 min de trajet).
Puis bus 695 ou 606 pour rejoindre directement le domaine de Sans-Souci.
Visiter Potsdam :
Billet groupé *(Premium-Tageskarte)* disponible à la caisse du château de Sans-Souci (19 €) valable une journée pour Sans-Souci, les monuments de Potsdam et le château de Charlottenburg. Attention : les billets d'entrée sont souvent tous vendus avant la fin de matinée (pas d'autre mise en vente l'après-midi). Venez de préférence tôt le matin… et un jour de semaine ! Sinon, vous devrez peut-être attendre 1 ou 2 h pour pouvoir entrer.

VISITES
18 et 19

Potsdam

Le château de Sans-Souci

18 Potsdam, côté ville

La très commerçante Brandenburger Straße

Ancienne ville de garnison au service des rois de Prusse, la paisible cité de Potsdam (141 000 habitants), devenue capitale régionale du land de Brandebourg en 1990, s'épanouit au bord de la Havel à 25 km de sa grande sœur berlinoise. Défiguré en 1945 par les bombardiers de la Royal Air Force, tombé sous la coupe de la RDA après la fameuse conférence de Potsdam, le centre historique retrouve peu à peu ses fastes d'antan.

- **Point de départ :** la gare S-Bahn Potsdam-Stadt.
- **À ne pas manquer :** Le château de Cecilienhof.
- **Plan :** p. 143.

Potsdam, côté ville

➤ Le vieux marché

Alter Markt

***Plan p. 143 / B2** – S7 Potsdam Hauptbahnhof.*

Les bombes des Alliés (1945) et la dynamite de la RDA (1960) ont détruit le **château** qui s'élevait sur la place, construit en 1660 par le Grand Électeur. Ne restent qu'un fragment de la colonnade et surtout la **porte de la Fortune** (1701), reconstruite en 2002.

L'obélisque

Cet édifice du XVIIIe s. a fait l'objet d'un lifting un peu spécial au temps du communisme : tous les portraits des princes de Brandebourg qui l'ornaient ont été remplacés par les médaillons des architectes de la ville.

L'église Saint-Nicolas*

Nikolaikirche

☎ 270.86.02. Ouv t.l.j. avr.-oct. : 10h-19h; nov.-mars : 10h-17h. Entrée gratuite.

Cette œuvre de Schinkel (1837) a été achevée par son étudiant, Persius. L'immense coupole qui la chapeaute s'inspire directement de la cathédrale Saint-Paul de Londres.

L'ancien hôtel de ville*

Altes Rathaus

☎ 289.63.36. Ouv. mar.-dim. 10h-18h, 17h en hiver. Entrée gratuite.

Il a été construit de 1733 à 1735 par l'architecte du quartier hollandais voisin : Jan Bouman (1706-1776). Surmonté d'un Atlas doré, l'édifice de style italien abrite des expositions gratuites.

➤ Bassinplatz

Plan p. 143 / B1.

Sur la place qui a vu naître le roi Frédéric-Guillaume III en 1770 (au n° 1) et vu passer Mozart en 1789, alors hôte de l'Académie de musique (au n° 10), s'élèvent deux sanctuaires édifiés à un siècle de distance.

L'église catholique Saints-Pierre-et-Paul

Peter-Pauls Kirche

Au centre de la place ☎ 230.79.90. Ouv. mar.-sam. 10h-18h, dim. 12h-16h.

Cette œuvre néobyzantine d'August Stüler (1867) est inspirée de la basilique San Zeno de Vérone. Elle recèle un retable du peintre préféré de Frédéric II : A. Pesne.

L'église française

Französische Kirche

Au S-E de la place ☎ 29.12.19. Ouv. t.l.j. avr.-oct. 13h30-17h.

Elle fut édifiée en 1783 pour les membres de la colonie huguenote *(p. 61)*.

➤ Le quartier hollandais

Plan p. 143 / B1.

Ce petit morceau de Hollande sorti de terre dans les années 1730 captive les touristes du XXIe s. Désireux d'attirer des artisans des Pays-Bas pour développer la ville, Frédéric-Guillaume Ier avait commandé à l'architecte Jan Bouman (lui-même néerlandais) 134 maisons de style batave… mais seulement une vingtaine de familles ont répondu à l'appel. Les maisons restantes furent habitées par des artisans locaux et des soldats du roi.

SE DÉPLACER À POTSDAM

Circuler à vélo :

• City Rad Potsdam, *Heinrich-Mann-Allee. Ouv. mars.-nov. lun.-ven. 9h30-19h, sam.-dim. et j.f. 9h30-20h. À partir de 11 €.*

• Potsdam per Pedales, *Gare de Potsdam : (voies n° 6/7) ☎ 748.00.57, www.potsdam-per-pedales.de. Ouv. avr.-nov. t.l.j. 9h30-19h. À partir de 11 €.*

Circuler en bateau :

• Voguez vers les lacs ou les palais grâce à deux compagnies situées sur le Lange Brücke, à proximité de l'hôtel Mercure :

Weisse Flotte Potsdam *☎ 275.92.10 ; www.schiffahrt-in-potsdam.de.*

Haveldampfschiffahrt *☎ 275.92.33.*

• Pour un simple détour au parc de Babelsberg *(p. 148)* ou au château de Cecilienhof *(p. 147)*, pensez au **taxi fluvial** (Wassertaxi, *arrêt à la gare de Potsdam : Potsdam Hauptbahnhof ☎ 275.92.10.20, www.potsdamer-wassertaxi.de. Ouv. mai-oct. 8h30-19h).*

Désormais investi par des magasins de souvenirs et de « vraies fausses » **brocantes**, ce quartier très coquet abrite la **Maison Jan Bouman**, qui reconstitue la vie des émigrants de l'époque *(Jan Bouman Haus ; Mittelstraße 8 ☎ 280.37.73 ; ouv. lun.-ven. 13h-18h, sam.-dim. 11h-18h ; entrée : 2 €).*

➤ De la porte de Nauen à la porte de Brandebourg

Plan p. 143 / A1.

Posées aux limites de l'ancienne ville, ces deux portes témoignent de l'extension de Potsdam depuis le XVIIIe s. Exemple précoce du retour au gothique, la **porte de Nauen** *(Nauener Tor)*, bâtie en 1755, évoque un Moyen Âge de carton-pâte. Un peu plus loin sur la Hegelallee, la **porte des Chasseurs** *(Jägertor)*, datée de 1733, menait jadis aux terrains de chasse des rois de Prusse. Au bout de l'allée se dessine l'admirable **parc de Sans-Souci** *(p. 149)*.

Par la Schopenhauerstraße, vous rejoignez la Luisenplatz et la **porte de Brandebourg**. Érigée en 1770 par Carl von Gontard et son élève Georg Christian Unger, elle s'ouvre sur la très commerçante Brandenburger Straße. Véritable Janus à deux visages, la porte présente, côté parc, une façade ornementée et, coté ville, une façade beaucoup plus sobre.

La porte de Brandebourg

➤ La mosquée

Moschee Pumpwerk

Plan p. 150-151 / D2 *– Zeppelin Straße 176. Ne se visite pas.*

Cette mosquée d'opérette signée Persius (1843) est un amusant trompe-l'œil, un simple décor au goût orientalisant : sa façade mauresque dissimule une station de pompage qui alimentait jadis les bassins de Sans-Souci.

À l'angle de Lindenstraße, admirez le **dôme de l'orphelinat militaire** signé Gontard (1777).

➤ Film-Museum★

Musée du Cinéma

Plan p. 143 / A2 *– Breitestraße 14 ☎ 271.81.12, www.filmmuseum-potsdam.de. Ouv. mar.-dim. 10 h-18 h. Films t.l.j. à partir de 17 h. Entrée : 5 €.*

Logé dans d'anciennes écuries royales de la fin du XVIIe s., ce musée retrace l'histoire des studios de cinéma de Babelsberg *(p. 188)* au travers d'images d'archives et d'objets glanés durant les tournages. Il permet de braquer un coup de projecteur sur les aléas du cinéma allemand :

de l'effervescence des années 1920 aux productions censurées de la RDA, en passant par la purge du IIIe Reich. Dans la salle de projection, l'**orgue Welte** (1929) accompagne les films muets. Également des expositions temporaires.

➤ Le nouveau marché

Plan p. 143 / A2.

Sur cette belle petite place bordée de bâtiments du XVIIIe s. devrait s'élever à nouveau d'ici à 2017 la fameuse **église de la Garnison** *(Garnisonkirche)* construite en 1722 et aujourd'hui disparue. Ce sanctuaire fut choisi par Goebbels pour accueillir, le 21 mars 1933, une grande cérémonie à la gloire de la « révolution nationale ». Une « distinction » qui lui valut un destin sans appel : mutilée par les bombes lors de la dernière guerre, elle est rasée par les autorités est-allemandes en 1968.

Au nº 9 de la place, la belle façade classique de l'**écurie des calèches** *(Kutschstall,* 1790*)* abrite la **Maison de l'histoire prussienne et brandebourgeoise** *(Haus der Brandenburgisch-Preußischen Geschichte ☎ 620.85.50 ; www.hbpg.de ; ouv. mar.-ven. 10 h-17 h, sam.-dim. 10 h-18 h ; entrée : 4,50 €).* Y sont retracés 900 ans d'histoire locale à travers des expositions temporaires.

➤ Les environs de Potsdam

La Biosphäre

Plan p. 143 / Hors pl. par A1 *– Georg-Hermann-Allee 99 ; à env. 2,5 km N du centre-ville. Tram 96 à partir de la gare arrêt Volkspark ☎ 55.07.40, www.biosphaere-potsdam.de. Ouv. lun.-ven. 9 h-18 h, sam.-dim. et j.f. 10 h-19 h. Entrée : 11,50 €.*

Pour découvrir les merveilles de la forêt tropicale, rendez-vous à la Biosphäre qui réunit 20 000 plantes ou arbres et presque autant d'amphibiens, reptiles et papillons… Le tout sous une température idéale de 25 °C.

Le château de Cecilienhof**

Schloß Cecilienhof

Plan p. 143 / Hors pl. par B1 *– Im Neuen Garten 11 ; à env. 2 km au N du centre-ville. Tram 92 ou 96 arrêt Reiterweg, puis bus 603, arrêt Schloß Cecilienhof ☎ 969.42.02. Ouv. mar.-dim. : avr.-oct. 10 h-18 h ; nov.-mars 10 h-17 h. Visites guidées slt. en hiver. Entrée : 6 €.*

C'est dans ce manoir à l'anglaise, où résida jusqu'en 1945 le tout dernier des Hohenzollern (le prince Frédéric-Guillaume), que se tint la célèbre conférence de Potsdam qui scella le destin de l'Europe. Du 17 juillet au 2 août 1945, Staline (Union soviétique), Truman (États-Unis), Churchill,

puis Attlee (Royaume-Uni) décidèrent du sort des puissances de l'Axe et définirent la carte de l'Europe, qui restera en vigueur jusqu'en 1989.
Le château, faussement rustique, érigé durant la Première Guerre mondiale par P. Schultze-Naumburg, comprend quelque 176 chambres et 55 cheminées.

Le parc à thème de Babelsberg

Filmpark Babelsberg

Plan p. 143 / Hors pl. par B2
Entrée par Großbeerenstraße 200, S7 Babelsberg, puis bus 690 vers J. K. Platz, arrêt Filmpark ☎ 331.721.27.38, www.filmpark-babelsberg.de.
Ouv. avr.-oct. 10 h-18 h ; f. lun. sf juil.-août. Entrée : 21 € pour la journée.

Sur le site des mythiques studios de l'UFA *(Universum Film Aktiengesellschaft)* fondés en 1917, le parc à thème de Babelsberg fait tout pour vous divertir : décors de films d'animation, cascadeurs, effets spéciaux, prouesses d'animaux « acteurs », etc. Attention, les véritables cinéphiles n'y trouveront pas leur compte.

Le château de Cecilienhof

19 Le domaine de Sans-Souci

L'orangerie

Si Potsdam-Ville répondait aux ambitions martiales du Roi-Sergent, Potsdam-Parc obéissait aux aspirations esthétiques de Frédéric le Grand, le « roi philosophe » (1712-1786), et de Frédéric-Guillaume IV, le « roi romantique » (1795-1861). Entre les finesses rococo de l'un et les grâces italiennes de l'autre, le « Versailles prussien », inscrit au patrimoine mondial de l'Unesco en 1990, est la synthèse des courants artistiques en vogue aux XVIIIe et XIXe s. dans les cours européennes.

- **Point de départ :** la porte de Brandebourg.
- **À ne pas manquer :** le salon de musique du château et le Nouveau Palais.
- **Plan :** p. 150-151

Le domaine de Sans-Souci

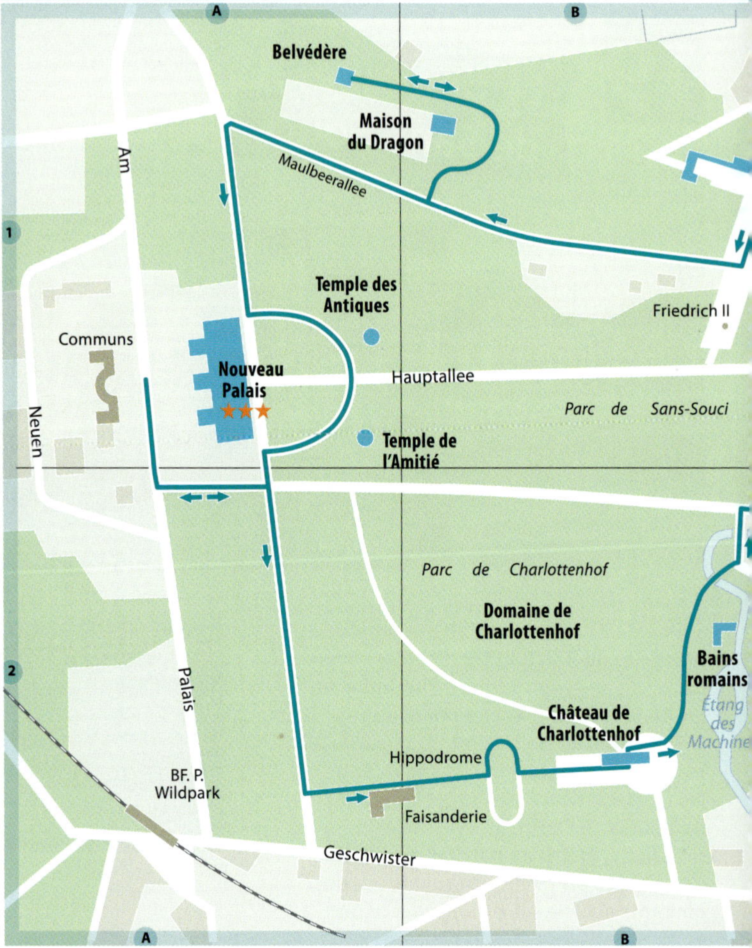

C
D
0
200
400 m
N
Bornstedterstraße
Orangerie
Vieux moulin
Château de Sans-Souci ★★
Galerie de Tableaux ★★
Jardin nordique
Maulbeerallee
Nouvelles Chambres
Aile des Dames
Grotte de Neptune
Obélisque
Jardin sicilien
Hauptallee
Étang de la Paix
Schopenhauerstraße
Église de la Paix ★★
Domaine de Sans-Souci ★★★
Jardins de Marly
Maison de thé chinoise
Am Grünen Gitter
LUISENPLATZ
Zimmer Str.
Porte de Brandebourg
ZIMMER PLATZ
Lennéstraße
départ 19 p. 149
Feuerbachstraße
Carl von Ossietsky Str.
Zeppelinstraße
Mosquée
Neustädter Havelbucht
Scholl Straße
1
2

➤ À l'est du château

Plan p. 150-151 / D1.

Devant le domaine se dresse un **obélisque** qui affiche des hiéroglyphes fantaisistes : Champollion ne perça les secrets de la pierre de Rosette que 74 ans après son érection (1748) !

L'église de la Paix**

Friedenskirche

Am Grünen Gitter, 2. Ouv. t.l.j avr.-oct. 10 h-17 h. Entrée gratuite.

Elle fut bâtie de 1844 à 1854 d'après les plans de l'architecte de cour Ludwig Persius. Ce charmant sanctuaire, inspiré de la basilique de San Clemente à Rome et orné d'une mosaïque de Murano (XIIe s.), incarne tout entier le « rêve italien » de Frédéric-Guillaume IV. Ce dernier († 1861) repose près du chœur auprès de son épouse, Élisabeth de Bavière († 1873).

La grotte de Neptune

Neptungrotte

Œuvre de Knobelsdorff en 1757, cette grotte-fontaine ornée de coquillages est l'un des morceaux de bravoure de l'imaginaire rococo.

La galerie de Tableaux**

Bildergalerie

Ouv. mai-oct. mar.-dim. 10 h-18 h. Entrée : 6 €.

PRATIQUE

Numéro commun à tous les monuments du parc ☎ 969.42.02. Parc ouv. t.l.j. de 8 h à la tombée de la nuit.

Sorte d'ancêtre des musées allemands, le bâtiment fut conçu pour abriter la collection de Frédéric II, qui comprend 124 toiles, de la Renaissance tardive à l'âge baroque.

➤ Le château de Sans-Souci**

Schloß Sanssouci

***Plan p. 150-151 / C1** – ☎ 969.42.00. Ouv. avr.-oct. mar.-dim. 10 h-18 h (17 h nov.-mars). Entrée : 12 €, visite guidée obligatoire en nov.-mars (40 min). Photos interdites (sf permission, 3 €).*

Frédéric-Guillaume Ier, le père de Frederic le Grand, n'aimait pas Charlottenburg *(p. 115)*, auquel il préférait Potsdam. Son fils a suivi ses pas. Bâtie de 1745 à 1747 d'après les plans de Frédéric le Grand lui-même, la résidence royale est l'œuvre de Knobelsdorff. Elle constitue un véritable manifeste du « **rococo frédéricien** » et fut le foyer des Lumières d'outre-Rhin.

Passé le jardin peuplé de satyres et de bacchantes, vous pénétrez dans le château. Il abrite, entre autres merveilles, une **petite galerie** exposant des toiles françaises (Antoine Watteau, Nicolas Lancret, etc.), une **bibliothèque** en bois de cèdre comptant 2 200 ouvrages français, et une **salle de marbre** qui, en son temps, accueillit de nombreux penseurs… français ! On l'aura compris, le « despote éclairé » avait un faible pour les Lumières de l'Hexagone.

Ne manquez pas le fleuron de Sans-Souci : le **salon de musique** or et blanc, où se tenaient les fameux concerts animés par le monarque en personne. Il est d'ailleurs représenté jouant de la flûte sur une toile d'Adolf von Menzel datée de 1850 (exposée à l'Alte Nationalgalerie, *p. 50*).

Accolée au château en 1841 par Ludwig Persius, l'**aile des Dames** *(mai-oct., 2 €)* abritait les suivantes de la reine Élisabeth, épouse de Frédéric-Guillaume IV.

➤ À l'ouest du château

Les **nouvelles chambres** (1747) hébergeant la toute première orangerie furent transformées en appartements d'invités… à l'ornementation subtilement érotique, notamment dans la **galerie d'Ovide** *(ouv. mai-oct. mar.-dim. 10 h-18 h ; entrée : 4 €)*.

Le Nouveau Palais

Le vieux moulin

Historische Mühle

Plan p. 150-151 / C1 *– Ouv. avr.-oct. : t.l.j. 10 h-18 h ; nov.-mars sf déc. : sam.-dim. 10 h-16 h. Entrée : 3 €.*

Il abrite le centre d'information. Pour la petite histoire, Frédéric le Grand, agacé par le bruit de la machine, voulait expulser le meunier. Ce dernier, grâce à l'intervention des tribunaux, aurait eu gain de cause contre le roi.

L'orangerie

Plan p. 150-151 / BC1 *– Mêmes horaires que ceux du moulin. Entrée : - de 5 €.*

Cet imposant bâtiment (1851-1864), conçu par Persius sur le modèle de la villa Médicis de Rome, comprend les **appartements rococo** du tsar Nicolas Ier, la **salle Raphaël** qui accueille des copies des œuvres du maître, et la **galerie de la Tour** qui propose des expositions temporaires.

La maison du Dragon* et le belvédère

Drachenhaus

Plan p. 150-151 / AB1 *– Belvédère : ouv. mai-oct. w.-e. et j.f. 10 h-18 h. Entrée : - de 5 €*

Érigée en 1770 par Carl von Gontard, cette pagode de fantaisie fut le *sweet home* du vigneron chargé d'entretenir les pieds de vigne de la colline Klausberg. C'est aujourd'hui un restaurant *(www.drachenhaus.de)*. Au sommet de cette petite éminence, le **belvédère** « italianisant » est l'œuvre de Georg Christian Unger en 1771.

➤ Le Nouveau Palais***

Neues Palais

Plan p. 150-151 / A1 *– Ouv. mer.-lun avr.-oct. : 10 h-18 h ; nov.-mars : 10 h-17 h. Entrée : 8 €.*

S'il n'y en avait qu'un à visiter, ce serait celui-là : cet époustouflant édifice de **style rococo tardif** (1769), entièrement conçu pour l'apparat. Véritable « fanfaronnade » architecturale – selon les mots de Frédéric le Grand – le nouveau palais, ses 300 pièces et ses 500 sculptures servaient un dessein politique précis : montrer que la puissance du roi restait intacte après la guerre de Sept Ans (1756-1763).

Au rez-de-chaussée, la **salle de la Grotte** *(Grottensaal)* arbore ses coquillages et coraux incrustés dans les murs, tandis que la **galerie de Marbre** *(Marmorgalerie)* se pare d'un étincelant marbre de Carrare. Plus loin, les pièces tendues de damas rouge alignent les solennels **portraits des Hohenzollern**. Au 1er étage, le **théâtre** *(Schloßtheater)* a conservé son élégant décor de 1768 *(f. jusqu'en 2017)*.

Face au palais, les **communs**, qui regroupaient le personnel et les cuisines, accueillent désormais une partie de l'université de Potsdam.

➤ Les temples de l'Amitié et des Antiques

Freundschafts- und Antikentempel

***Plan p. 150-151 / A1** – Ne se visitent pas.*

Devant le Nouveau Palais, ces temples signés Gontard (1768) répondent à des besoins variés : le premier est dédié à Wilhelmine, la sœur de Frédéric, le second héberge sa collection d'objets antiques.

➤ Le domaine de Charlottenhof

Plan p. 150-151 / B2.

Cadeau, en 1825, de Frédéric-Guillaume III à son royal rejeton, Frédéric-Guillaume IV, le domaine de Charlottenhof est doté d'un magnifique **parc à l'anglaise**.

Le château de Charlottenhof*

Schloß Charlottenhof

Ouv. mi-mai à mi-oct. mar.-dim. 10 h-18 h. Entrée : 4 €, visite guidée obligatoire (1 h).

Pour plaire au prince héritier, éperdument italianophile, ce petit bijou néoclassique (1828) dessiné par Schinkel s'inspire ouvertement des villas romaines : de la terrasse à la pergola, en passant pas les fresques intérieures qui semblent tout droit sorties de Pompéi.

➤ Les bains romains et la maison de thé chinoise

Römische Bäder

***Plan p. 150-151 / BC2** – Ouv. mai-oct. mar.-dim. 10 h-18 h. Entrée : 5 € pour les bains romains, 3 € pour la maison de thé.*

Conçus de 1829 à 1845 par Schinkel et Persius, ces bains romains purement décoratifs abritent d'admirables **mosaïques** et une **baignoire en jaspe vert**, cadeau du tsar Nicolas Ier.
Au N-E, la ravissante « chinoiserie » qui s'élève devant vous est un thème incontournable du courant baroque.

La maison de thé chinoise

Manger, dormir, s'amuser…

Toutes nos bonnes adresses quartier par quartier

Auberge de jeunesse ou hôtel design ? Quartiers cossus de l'Ouest ou bouillonnants territoires de l'Est ? Trouvez l'hébergement à votre budget dans le quartier qui vous ressemble !
Sans être une véritable capitale culinaire Berlin a l'avantage de proposer toutes les cuisines du monde, des roboratifs plats prussiens aux délices du Levant. Ne manquez pas les fameux *frühstück* (brunch) du week-end, plantureux et variés. Du côté de la *street food*, le match se joue entre les *currywürst* et les savoureux kebabs.
Envie d'une pause dans un *biergarten* ou un bar à cocktails ? De danser la valse ou de se déhancher sur de la *deep house* ? Nos adresses proposent tous les styles. À vous de choisir !
Notre auteur a testé et sélectionné toutes les adresses présentées dans ces pages. Le symbole ♥ devant certaines signale des lieux qu'elle a particulièrement appréciés et qu'elle vous recommande tout spécialement.

Tiergarten et le Centre

Visites 1 à 5, p. 22

Les prix indiqués pour l'hébergement sont établis sur la base d'une chambre double de catégorie standard, petit déjeuner inclus.
Les tarifs indiqués pour les restaurants valent pour un repas complet, boisson non comprise.

OÙ DORMIR ?

Moins de 45 €

Mitte's Backpacker Hostel
*Visite 5 - **Plan p. 55 / B1** – Chausseestraße 102, U-Bahn U6 Naturkundemuseum ☎ 28.39.09.65, www.baxpax.de/mittes. Dortoir de 3, 4, 6, 8 ou 12 lits, également ch. doubles (à partir de 50 €).*
Carnaval, balades en vélo : on ne s'ennuie pas dans cette auberge de jeunesse dont les chambres sont toutes personnalisées.

De 75 à 150 €

Apartments am Brandenburger Tor
*Visite 3 - **Plan p. 40-41 / A2** – Behrenstraße 1C, U55 et S1, S2 Brandenburger Tor ☎ 200.75.70, www.apartments-mitte.de. Pas de petit déjeuner.*
À deux pas de la porte de Brandebourg, l'établissement propose des appartements tout confort, propres et lumineux à prix serrés (de 1 à 8 personnes).

♥ Arte Luise Kunsthotel
*Visite 5 - **Plan p. 55 / A2** – Luisenstraße 19, S1, S2, S25 Friedrichstraße ☎ 28.44.80, www.luise-berlin.com. 52 ch.*
Conçu comme une « galerie d'art où l'on dort », l'hôtel propose des ch. à thème. À chacun de choisir ce qui le fait rêver : *Cabaret* ou *Safari* pour les aventuriers, *Le Rêve de Mammel* au lit surdimensionné pour les grands enfants, etc. Spectaculaire !

De 150 à 200 €

Maritim proArte
*Visite 3 - **Plan p. 40-41 / B1** – Friedrichstraße 151, U6 Friedrichstraße ☎ 20.33.44.10, www.maritim.com. 403 ch.*
Premier hôtel de Berlin doté du label bio, ce quatre-étoiles tapissé de marbre et de granit propose des repas 100 % *organic*. Bonne nouvelle pour les ennemis des acariens : certaines des chambres ont banni toute substance allergénique. Spa et piscine bienvenus après une journée de visite !

♥ Honigmond Hotel
*Visite 5 - **Plan p. 55 / B1** – Tieckstraße 11, U6 Orianenburger Tor ☎ 284.45.50, www.honigmond.de. Petit déj. 9 €. 36 ch.*
Situé dans l'ancien Borsig-Eck – haut lieu de la dissidence intellectuelle au temps de la RDA –, ce charmant hôtel

parfaitement restauré est à la fois raffiné et familial.

OÙ MANGER ?

De 6 à 15 €

Weilands Wellfood
*Visite 2 - **Plan p. 33 / B2** – Marlene-Dietrich-Platz 1, U2 et S1, S2 Potsdamer Platz ☎ 258.99.717, www.weilands-wellfood.de. Ouv. t.l.j. 10 h-22 h.*
Un self au bord de l'eau idéal pour une pause déjeuner saine et riche en vitamines. Très beau choix de salades : il y en a aux noix, au fromage, au poulet, à la dinde, au saumon fumé…

Splendid
*Visite 3 - **Plan p. 40-41 / B1** – Dorotheenstraße 37, U6 Friedrichstraße ☎ 921.272.47, www.splendid-delikatessen.de. Ouv. lun.-ven. 11 h-16 h.*
Bar moderne où l'on prépare sous vos yeux une nourriture saine et savoureuse avec des produits ultra-frais. Soupes, crudités, *foccacie*, quiches et tartelettes ; idéal pour un déjeuner sur le pouce.

♥ Tadshikische Teestube
*Visite 3 - **Plan p. 40-41 / C1** – Oranienburgerstraße 27, S1, S2, S25 Friedrichstraße ☎ 204.11.12, www.tadshikische-teestube.de. Ouv. lun.-ven. 16 h-minuit, sam.-dim. 12 h-minuit. F. août.*
Ce superbe salon de thé tadjik vous expédie sur la Route de la soie. Jolie petite cour.

Strandbar Mitte
*Visite 4 - **Plan p. 49 / A1** – Monbijou Park, sur les berges de la Spree, S5, S7 Hackescher Markt ☎ 28.38.55.88, www.strandbar-mitte.de. Ouv. mai-sept. t.l.j. à partir de 10 h.*
Commandez une pizza au bar puis dégustez-la sur une chaise longue en bord de Spree, avec vue sur l'île des Musées. Un petit coin de paradis sous le soleil…

De 15 à 30 €

Kaiseraal
*Visite 2 - **Plan p. 33 / B2** – Bellevuestraße 1, U2, S1 et S2 Potsdamer Platz ☎ 25.75.14.54, www.kaisersaal-berlin.de. Ouv. t.l.j. 9 h-22 h.*
Le superbe café du Grand Hôtel Esplanade, détruit pendant la guerre, est l'un des rares vestiges de l'ancienne Potsdamer Platz. Bons petit déjeuner *(9 h-16 h)* et terrasse extérieure.

Refugium
*Visite 3 - **Plan p. 40-41 / C2** – Gendarmenmarkt 5, U2, U6 Stadtmitte ☎ 229.16.61, www.restaurant-refugium.de. Ouv. t.l.j. 11 h-minuit.*
Bon restaurant, décontracté le midi et plus élégant le soir, qui revisite la gastronomie régionale. Boulettes de viande et trilogie de fromages de chèvre, à déguster en terrasse de préférence.

Zur Nolle
*Visite 5 - **Plan p. 55 / B2** – Georgenstraße, S-Bahnbögen 203, U6 Friedrichstraße ☎ 208.26.45, www.restaurant-nolle.de.*

Ouv. lun.-jeu. 11 h 30-minuit, ven.-sam. 11 h 30-1 h, dim. 11 h 30-20 h.

Brasserie des années 1920 bourrée de charme, située sous les arcades de la gare de Friedrichstraße. La cuisine internationale y côtoie des spécialités allemandes.

De 30 à 60 €

Lutter und Wegner

Visite 3 - ***Plan p. 40-41 / C2*** – *Charlottenstraße 56, U2, U6 Stadtmitte ☎ 202.95.40, www.l-w-berlin.de. Ouv. t.l.j. 11 h-3 h.*

Un ancien marchand de vins – inventeur présumé du *Sekt* (le vin mousseux allemand) – a fondé cette institution en 1811. Goûtez à la légendaire escalope viennoise (*Wiener Schnitzel*).

Rutz

Visite 5 - ***Plan p. 55 / B1*** – *Chausseestraße 8, U6 Orianienburger Tor ☎ 24.62.87.60, www.rutz-restaurant.de. Ouv. mar.-sam. restaurant 18 h 30-22 h 30, winebar 16 h-23 h.*

Une cuisine fusion qui transforme la soupe et le burger en nourritures célestes. Le chef Marco Müller s'est vu gratifié d'une étoile au Michelin.

VIE NOCTURNE

Bar

Newton Bar

Visite 3 - ***Plan p. 40-41 / C2*** – *Charlottenstaße 57, U2, U6 Stadtmitte ☎ 20.29.54.21, www.newton-bar.de. Ouv. dim.-mer. 10 h-3 h, jeu.-sam. 10 h-4 h.*

Ambiance à l'ancienne dans ce bar avec parquet, fauteuils en cuir et bois sombre. Au mur, des clichés du photographe Helmut Newton, originaire de Berlin. Prix un peu élevés, mais l'atmosphère rétro le mérite.

Classique, opéras

♥ Philharmonie

Visite 2 - ***Plan p. 33 / A1*** – *Herbert-von-Karajan-Straße 1, U2 Potsdamer-Platz ☎ 25.48.80, www.berliner-philharmoniker.de. Billetterie lun.-ven. 15 h-18 h, w.-e. et j.f. 11 h-14 h* (p. 35).

L'ancien fief de Karajan a été conçu par Scharoun. Le très renommé Berliner Symphoniker s'y produit régulièrement.

Komische Oper

Visite 3 - ***Plan p. 40-41 / B2*** – *Behrenstraße 55-57, U6 Französische Straße et Friedrichstraße ☎ 20.26.00, www.komische-oper-berlin.de. Billetterie lun.-sam. 11 h-19 h, dim. 13 h-16 h.*

Plus « décontractée » que ses consœurs, cette salle propose aussi opérettes et comédies musicales sous-titrées en anglais.

Konzerthaus

Visite 3 - ***Plan p. 40-41 / B2*** – *Gendarmenmarkt 2, U6 Französische Straße ☎ 20.30.92.101, www.konzerthaus.de. Billetterie lun.-sam. 12 h-19 h, dim. et j.f. jusqu'à 16 h.*

Bastion de l'orchestre symphonique de Berlin dessiné par Schinkel.

Salle de bal

Ballhaus Berlin
*Visite 5 - **Plan p. 55 / A1** – Chausseestraße 102, U6 Zinnowitzer Straße ☎ 151.51.08.61.73, www.ballhaus-berlin.de. Ouv. ven.-sam. dès 21 h.*
Étonnante salle de bal où l'on invite ses partenaires grâce à un téléphone posé sur la table.

SHOPPING

Berlin Story
*Visite 3 - **Plan p. 40-41 / B1** – Unter den Linden 40, U6 et S1, S2, S5, S7 Friedrichstraße ☎ 20.45.38.42, www.berlinstory.de. Ouv. lun.-sam. 10 h-19 h, dim. 10 h-18 h.*
Passionnants ouvrages (en français !) sur l'histoire de Berlin, du IIIe Reich à la chute du Mur, et souvenirs à rapporter de votre escapade berlinoise : Trabant miniatures, morceaux du Mur, jeux ou encore cartes postales.

Fassbender & Rausch
*Visite 3 - **Plan p. 40-41 / C2** – Charlottenstraße 60, U2, U6 Stadtmitte Straße ☎ 20.45.84.43, www.fassbender-rausch.de. Ouv. lun.-sam. 10 h-20 h, dim. 11 h-20 h.*
Dans les vitrines, admirez des reproductions du Reichstag, de la porte de Brandebourg, du Titanic… en chocolat ! Craquez également pour les biscuits, fruits confits et autres pâtes d'amandes. Pause dégustation au café du 1er étage de rigueur.

Galeries Lafayette et ♥ Quartier 206
*Visite 3 - **Plan p. 40-41 / C2** – Friedrichstraße 76 et 71, U6 Französische Straße ☎ 20.94.80. et 20.94.68.00, www.galerieslafayette.de et www.quartier206.com. Ouv. Galeries Lafayette : lun.-sam. 10 h-20 h ; Quartier 206 : lun.-ven. 10 h 30-19 h 30, sam. 10 h-18 h.*
Le centre commercial le plus sélect *(p. 46)*. Ne manquez pas la librairie française qui relie le Quartier 205 aux Galeries Lafayette, dotée d'un rayon d'auteurs allemands traduits en français.

Antik-und-Buchmarkt
*Visite 4 - **Plan p. 49 / A1** – Am Kupfergraben, Georgenstraße, Geschwister-Scholl-Straße, U6 Friedrichstraße, www.antik-buchmarkt.de. Ouv. sam.-dim. 11 h-17 h.*
Ce marché aux puces se tient tous les week-ends le long de l'île des Musées, au bord de la Spree. Essentiellement des livres et des disques, mais également quelques vêtements et objets d'occasion.

♥ Zadig
*Visite 5 - **Plan p. 55 / B1** – Linienstraße 141, U6 Oranienburger Tor ☎ 28.09.99.05, www.zadig buchhandlung.de. Ouv. lun. 14 h-19 h, mar.-ven. 11 h-19 h, sam. 11 h-18 h.*

Cette librairie propose le meilleur de la création francophone. Nombreuses signatures d'écrivain et important fonds en littérature enfantine.

GALERIE D'ART

Galerie Mehdi Chouakri
Visite 5 - ***Plan p. 55 / B1*** *– Invalidenstraße 117 (entrée Schlegelstraße 26), U6 Zinnowitzer Straße ☎ 28.39.11.53. Ouv. mar.-sam. 11 h-18 h.*
Un peu à l'écart. Expose, entre autres, les œuvres de Mathieu Mercier, Claude Closky et Saâdane Afif.

SPORTS ET LOISIRS

Lacs du Tiergarten
Visite 1 - ***Plan p. 26-27*** *– Ouv. t.l.j. 10 h-22 h. Entrée gratuite.*
Par grand froid, rendez-vous avec vos patins à glace sur les lacs du Tiergarten.

À l'est toute !

Visites 6 à 11, p. 62

OÙ DORMIR ?

Moins de 45 €

Citystay Hostel
*Visite 6 - **Plan p. 65 / A1** – Rosenstraße 16, U2, U5, U8 Alexanderplatz ☎ 23.62.40.31, www.citystay.de. Dortoir de 4, 6 ou 8 lits, également des ch. doubles (à partir de 50 €).*
Niché dans une ancienne usine datée de 1896 et idéalement situé – entre Hackescher Markt et Alexanderplatz –, l'établissement s'enorgueillit d'un service impeccable. Terrasse et **restaurant**.

De 45 à 75 €

Die Fabrik
*Visite 10 - **Plan p. 89 / A1** – Schlesische Straße 18, U12 Schlesisches Tor ☎ 611.71.16, www.diefabrik.com. 44 ch. et dortoir de 8 lits. Pas de CB.*
Hébergé dans une usine désaffectée au bord de la Spree, cet établissement en briques rouges possède un attrait typiquement… industriel ! Ni téléphone ni télévision et… les panneaux solaires permettent de faire de belles économies d'énergie.

Ostel Hostel Das DDR
*Visite 10 - **Plan p. 89 / Hors pl. par B3** – Wriezener Karree 5, S5, S7 Ostbahnhof ☎ 25.76.86.60, www.ostel-berlin.de. 40 ch.*
Pour se plonger dans l'ambiance de *Good bye, Lenin* ! Cet hôtel furieusement « ostalgique » propose des dortoirs de 4 lits très « jeunesse communiste » et des chambres doubles.

De 75 à 150 €

♥ Art'otel Berlin Mitte
*Visite 6 - **Plan p. 65 / B2** – Wallstraße 70-73, U2 Märkisches Museum ☎ 24.06.20, www.artotels.com. 109 ch. et 12 suites.*
Cet hôtel, une véritable perle rococo enchâssée dans un bâtiment design près de la Spree, abrite une centaine de toiles du maître Georg Baselitz.

Park Inn Berlin-Alexanderplatz
*Visite 6 - **Plan p. 65 / B1** – Alexanderplatz 7, U2, U5, U8 Alexanderplatz ☎ 238.90, www.parkinn-berlin.de. 1 012 ch.*
Ce n'est ni le plus chic ni le plus intime… mais ce quatre-étoiles est « historique » (le premier de Berlin-Est). Sauna et salle de fitness à demeure. Bonus pour les clients : la vue sur l'Alexanderplatz depuis le toit-terrasse.

♥ Riehmers Hofgarten
*Visite 8 - **Plan p. 79 / A2** – Yorckstraße 83, U7, U6 Mehringdamm ☎ 78.09.88.00, www.riehmers-hofgarten.de. 25 ch.*
Dans l'ensemble fin de siècle de Kreuzberg, ce ravissant petit nid situé côté jardin offre une sérénité sans égal *(p. 81)*.

East Side Hotel
*Visite 10 - **Plan p. 89 / B3** – Mühlenstraße 6, U12 et S5, S7 Warschauer Straße ☎ 29.38.33, www.eastsidehotel.de. 36 ch.*
Ici c'est la vue qui fait toute la différence : panorama sur la Spree et surtout vue sur le Mur customisé en 1990 par une ribambelle d'artistes.

De 150 à 200 €

♥ Casa Camper
*Visite 7 - **Plan p. 71 / A2** – Weinmeisterstraße 1, U8 Weinmeisterstraße ☎ 20.00.34.10, www.casacamper.com. 51 ch. et suites.*
L'enseigne espagnole possède un hôtel chic et épuré, respectueux du développement durable. À côté de l'ascenseur, le message plein d'humour « utilisez l'escalier, c'est plus sain » donne tout de suite le ton. Toutes les salles de bain ont accès à la lumière naturelle. Quant au dernier étage, il propose le concept *Tentempié* : un snack-bar ouvert 24 h/24 aux frais de la maison. Le chef Kevin Alder est aux commandes du **restaurant Dos Paillos.**

OÙ MANGER ?

Moins de 5 €

Keyser Soze
*Visite 7 - **Plan p. 71 / A2** – Tucholskystraße 33, S1, S2 Oranienburger Straße ☎ 285.99.48, www.keyser-soze.de. Ouv. t.l.j. 7 h 30-3 h.*
Les habitants du quartier se retrouvent ici pour apprécier une cuisine allemande simple ou pour boire un verre.

Konnopke's Imbiß
*Visite 7 - **Plan p. 71 / B1** – Schönhauser Allee 42, U2 Eberswalder Straße ☎ 442.77.65, www.konnopke-imbiss.de. Ouv. lun.-ven. 9 h-20 h, sam. 11 h 30-20 h.*
Le temple incontesté de la saucisse au curry *(Currywurst)* depuis 1930.

De 6 à 15 €

Mutter Hoppe
*Visite 6 - **Plan p. 65 / A2** – Rathausstraße 21, U2, U5, U8 Alexanderplatz ☎ 241.56.25, http://mutterhoppe.de. Ouv. t.l.j. 11 h 30-minuit.*
Sur le Marx Engels Forum, une auberge typique servant une cuisine traditionnelle allemande de qualité. Très appréciée des Berlinois.

Gorki Park
*Visite 7 - **Plan p. 71 / A2** – Weinbergsweg 25, U8 Rosenthaler Platz ☎ 448.72.86, www.gorki-park.de. Ouv. t.l.j. 9 h 30-2 h.*
Menus « ostalgiques » (« prolétariat », « intelligentsia »…) et mobilier savamment dépareillé. Une adresse plus ludique que gastronomique.

Mittendrin
*Visite 7 - **Plan p. 71 / A2** – Sophienstraße 19, U8 Weinmeisterstraße ☎ 28.49.77.40, www.mittendrin-in-berlin.de. Ouv lun.-jeu. 12 h-23 h, ven.-sam. 12 h-1 h.*

Petites ou grandes, la carte propose une dizaine de *Flammkuchen* différentes, fines et originales. Également des salades, soupes et plats à déguster sur la terrasse, dans la cour.

Monsieur Vuong

Visite 7 - ***Plan p. 71 / A2*** *– Alte Schönhauser Straße 46, U2 Rosa-Luxemburg-Platz ☎ 30.87.26.43, www.monsieurvuong.de. Ouv lun.-jeu. 12h-23h, ven.-dim. 12h-minuit.*

La cantine vietnamienne du centre, assidûment fréquentée par les Français (à cause de *Monsieur* dans le nom ?). Frais, léger et savoureux.

Ruben & Carla

Visite 7 - ***Plan p. 71 / A2*** *– Linienstraße 136, U6 Oranienburger Tor ☎ 27.90.96.83, www.rubencarla.com. Ouv. lun.-sam. 12h-minuit, dim. 16h-minuit.*

Fans du fameux sandwich au bœuf fumé version New York, cette adresse du Scheunenviertel branché est pour vous ! En journée, on vous concocte les meilleurs *pastramis* de la ville. Dans la soirée, vous vous régalerez d'une entrecôte découpée en fines tranches.

Strandbad

Visite 7 - ***Plan p. 71 / A2*** *– Kleine Hamburger Straße 16, S1, S2, S25 Weinmeister Straße ☎ 24.62.89.63, www.strandbad-mitte.de. Ouv. t.l.j. 9h-1h.*

Fausse piscine (admirez le plongeoir du comptoir !) mais vrai café d'atmosphère, fréquenté par la faune *trendy* du Scheunenviertel.

Cuccuma Cafe

Visite 8 - ***Plan p. 79 / B3*** *– Zossener Straße 34, U7 Gneisenaustraße ☎ 61.62.53.60. Ouv. lun.-ven. 8h-20h, sam. 10h-20h, dim. 10h-18h.*

Dans ce café sur deux étages aux boiseries claires, toutes les pâtisseries (cake au citron, gâteaux aux noix, etc.), salades et sandwichs sont concoctés avec des produits locaux. Livres et magazines à la disposition des lecteurs.

Chandra Kumari

Visite 8 - ***Plan p. 79 / B3*** *– Gneisenaustraße 4, U7 Mehringdamm ☎ 694.12.03, www.chandra-kumari.de. Ouv. t.l.j. 12h-1h.*

Petit restaurant familial indien/sri lankais qui embaume le curry et le safran. Les viandes, vins et jus sont de production biologique. La spécialité de la maison, le *polos hodhi* (curry à base du très exotique fruit du jacquier) a ses inconditionnels… et ses détracteurs !

Hasir

Visite 9 - ***Plan p. 85 / A2*** *– Adalbertstraße 10, U8, U12 Kottbusser Tor ☎ 614.23.73, www.hasir.de. Ouv. t.l.j. 24h/24.*

Le « turc » historique fondé dans les années 1970 par le père du *Döner Kebab (encadré p. 203)*. Il ne désemplit jamais ! « Nouvelle cuisine » d'Anatolie, savoureuse et parfaitement digeste ! Service parfois lent.

Frittiersalon

*Visite 10 - **Plan p. 89 / Hors pl. par B3** – Boxhagener Straße 104, U5 Frankfurter Tor ☎ 25.93.39.06, www.frittiersalon.de. Ouv t.l.j. 13 h-minuit.*

Envie d'un burger végétarien ou d'un snack végétalien ? Frittiersalon vous gratifie d'un délicieux Sojaburger ou, mieux, d'un Camembertburger. Que les carnivores se rassurent : ils jetteront leur dévolu sur la viande 100 % bio et régionale.

De 15 à 30 €

Pan Asia

*Visite 6 - **Plan p. 65 / A1** – Rosenthaler Straße 38, S5, S7, S75 Hackescher Markt ☎ 27.90.88.11, www.panasia.de. Ouv t.l.j. 12 h-minuit.*

L'Asie du XXIe s. : univers high-tech et carte brassant large, du Japon à la Thaïlande en passant par la Corée.

Pasternak

*Visite 7 - **Plan p. 71 / B1** – Knaackstraße 22-24, U2 Eberswalder Straße ☎ 441.33.99, www.restaurant-pasternak.de. Ouv. t.l.j. 9 h-1 h.*

Petit bastion russe chic et cosy aux premières loges de Prenzlauer Berg. Bortsch (env. 5 €) de rigueur !

Tazpresso

*Visite 8 - **Plan p. 79 / B1** – Rudi-Dutschke-Straße 23, U6 Kochstraße ☎ 25.90.21.64, www.taz.de/cafe. Ouv. lun.-ven. 8 h-20 h.*

Pour manger bio dans les locaux du quotidien berlinois *Taz (p. 80).*

Le Saint Amour

*Visite 9 - **Plan p. 85 / B2** – Maybachufer 2, U8 Schönleinstrasse ☎ 69.56.46.00. Ouv. mar-sam 18 h 30-minuit, dernier service 22 h.*

Au bord du Landwehrkanal, un bistrot d'inspiration lyonnaise convivial et chaleureux : Gérald, en cuisine, et Iris, en salle, savent accueillir leurs clients comme il se doit ! Au menu, quelques classiques de la capitale des Gaules (charcuterie, saucisson pistaché, quenelle de brochet) et pas mal de bons petits plats de l'Hexagone (grenouilles, ravioles de Romans, escargots de Bourgogne…).

The Bird Xberg

*Visite 9 - **Plan p. 85 / B2** – Kottbusser Damm 95, U8 Schönleinstrasse ☎ 51.05.32.83, www.thebirdinxberg.com. Ouv t.l.j. 12 h-minuit.*

Les hipsters américains échappés de Brooklyn ou de Portland sont nombreux à Neukölln ! Ils se retrouvent volontiers dans ce temple berlinois de la cuisine US. Sur la carte, excellents burgers qui se déclinent à toutes les sauces, avec des buns maison mais aussi *ribs, onion rings* ou steaks grillés fondants. Si vous êtes au régime, ce n'est évidemment pas l'adresse idéale !

♥ Freischwimmer

*Visite 11 - **Plan p. 96-97 / A1** – Vor dem Schlesischen Tor 2, U12 Schlesisches Tor, S8, S9 Treptower Park ☎ 61.07.43.09, www.freischwimmer-berlin.com. Ouv. lun.-ven. dès 12 h, sam.-dim. dès 10 h.*

Adorable cabane en bois installée au bord du canal, qui élève le brunch du dimanche au rang d'art de vivre. Cadre romantique à la nuit tombée.

De 30 à 60 €

Schneeweiss

*Visite 10 - **Plan p. 89 / B3** – Simplonstraße 16, U12 et S5, S7 Warschauer Straße ☎ 29.04.97.04, www.schneeweiss-berlin.de. Ouv. lun.-ven. 18 h-1 h, sam.-dim. 10 h-1 h.*

Cuisine d'inspiration « alpestre » (austro-italo-bavaroise) dans un décor blanc comme neige. Les *Spätzle* (pâtes alsaciennes, 10,50 €) aux noix sont délicieuses.

VIE NOCTURNE

Bars

Prinzessingarten

*Visite 9 - **Plan p. 85 / A1** – Prinzenstraße 35-38, U8 Moritzplatz, http://prinzessinnengarten.net. Ouv. t.l.j. à la belle saison.*

Ce jardin partagé et communautaire, qui a reverdi la Moritzplatz et résiste aux promoteurs immobiliers, dispose à la belle saison d'un délicieux *biergarten*. On déguste sous les arbres et à la lumière de lampions multicolores de savoureuses bières bio, des apfelschorle maison et des pizzas végétariennes. Ambiance relax et alternative.

Tier

*Visite 9 - **Plan p. 85 / Hors pl. par B3** – Weserstraße 42, U7 Rathaus Neukölln, ☎ 178.23.39.513. Ouv. t.l.j. 19h-3h.*

Un bar à cocktails cosy et discret, où les *bartenders* changent eux-mêmes les vinyles rock et soul entre deux créations, shakers à la main. La maison a un penchant pour le mezcal, mais n'hésitez pas à commander un classique, toujours parfaitement réalisé.

Club der Visionaere

*Visite 11 - **Plan p. 96-97 / A1** – Am Flutgraben 1, S8, S9 Treptower Park ☎ 69.51.89.42, www.clubdervisionaere.com. Ouv. avr.-oct. lun.-ven. dès 14 h, sam.-dim. dès 12 h.*

De l'autre côté de la Spree, ce bar de jour niché dans une cabane de pêcheurs devient à la nuit tombée un petit royaume house et techno. À quelques mètres de là, l'insolite **Insel der Jugend** *(p. 99)* résonne de sons hip-hop, punk et métal.

Cabarets, music-hall

Chamäleon Variété

*Visite 7 - **Plan p. 71 / A2** – Rosenthaler Straße 40-41, S5, S7, S75 Hackescher Markt ☎ 400.05.90, www.chamaeleonberlin.de. Billetterie lun.-ven. 11 h-20 h, sam. 11 h-22 h, dim. 12 h-18 h.*

Dans les superbes arrière-cours Hackesche *(p. 73)*, un programme aussi vaste que réjouissant : acrobates, comédies, shows de minuit « coquins ». Couchez les enfants !

Classique, opéras

♥ Neuköllner Oper

*Visite 9 - **Plan p. 85 / Hors pl. par B3** – Karl-Marx-Straße 131-133, U7 Karl-Marx-Straße ☎ 68.89.07.77, www.neukoellneroper.de. Billetterie mar.-sam. 15 h-19 h.*

Un éclectisme incomparable – de l'opérette prolétaire à la musique expérimentale – et une irrévérence inégalable font la singularité de la programmation de ce théâtre lyrique indépendant.

Clubs

The House of Weekend

*Visite 6 - **Plan p. 65 / B1** – Alexanderplatz 5 ☎ 25.89.93.66, www.houseofweekend.berlin. Ouv. ven.-sam. dès 23 h.*

Pour prendre de la hauteur sur Alexanderplatz *(p. 65)* ! Faune ultra branchée qui daigne pointer son nez vers… 2 h du matin !

SO 36

*Visite 9 - **Plan p. 85 / B2** – Oranienstraße 190, U8, U12 Kottbusser Tor ☎ 61.40.13.06, www.so36.de. Ouv. dès 22 h, selon la programmation.*

Dans l'océan électro de la ville, ce club emblématique du Kreuzberg métisse et bariolé propose à son public gay et hétéro des soirées à thème (rollerskate disco, café fatal…) aux sons franchement éclectiques (musiques du monde, reggae, disco…).

Berghain et Panorama bar

*Visite 10 - **Plan p. 89 / B2** – Am Wriezener Bahnhof, S5, S7 Ostbahnhof ☎ 29.36.02.10, www.berghain.de. Ouv. jeu.-sam. dès 23 h.*

Les « phares » électro et techno du moment, logés dans… une ancienne centrale électrique ! Soyez hyperlookés : filtre sévère !

Salon - Zur wilden Renate

*Visite 10 - **Plan p. 89 / B1** – Alt-Stralau 70, S8, S9, S41, S42 Treptower Park ou S5 Ostkreuz ☎ 25.04.14.26, www.renate.cc. Ouv. jeu. minuit-8 h, ven. 22 h-11 h, sam.-dim. 20 h-11 h.*

Ce grand bâtiment industriel de brique prend des airs de folle kermesse chaque fin de semaine. Sur trois niveaux, une dizaine de pièces à la déco foutraque et aux ambiances très différentes. La musique est électronique et locale, bien sûr, mais pas seulement : une seule constante, un sens de la fête hors du commun !

♥ Tresor

*Visite 10 - **Plan p. 89 / Hors pl. par A3** – Köpenicker Strasße 70, U8 Heinrich-Heine-Straße ☎ 229.06.11, www.tresorberlin.com. Ouv. lun., mer., ven.-sam. dès 23 h.*

Star parmi les stars, ce club « historique » a hissé Berlin au rang de capitale de la techno. Un vrai mythe urbain dont l'étoile ne pâlit pas.

♥ Watergate

*Visite 10 - **Plan p. 89 / B3** – Falckensteinstraße 49, U12 Schlesisches*

Tor ☎ 61.28.03.94, www.water-gate.de. Ouv. mer. et ven. dès 23 h, sam. dès minuit.
Au pied de l'Oberbaumbrücke *(p. 93)*, cet incontournable de la nuit berlinoise (tendance électro minimale et house) attire les DJs du monde entier devant la Spree. Le label éponyme (Watergate records) en a fait une véritable institution.

Salle de bal

Clärchens Ballhaus

Visite 7 - **Plan p. 71 / A2** – *Auguststraße 24, S1, S2, S25 Oranienburger Straße ☎ 282.92.95, www.ballhaus.de. Ouv. t.l.j. 10 h-minuit ; cuisine chaude t.l.j. dès 12 h 30.*
Soirées salsa le lun., tango le mar., etc. dans cette salle de danse des années 1930.

SHOPPING

Birkenstock

Visite 7 - **Plan p. 71 / A2** – *Neue Schönhauser Straße 6-7, S5, S7, S75 Hackescher Markt ☎ 28.09.96.94. Ouv. lun.-sam. 10 h 30-20 h.*
Inutile de la présenter. Cette fameuse sandale allemande bat le pavé depuis 1774 !

Die Baderin

Visite 7 - **Plan p. 71 / Hors pl. par B1** – *Gaudystraße 7, U2 et S8, S9, S41, S42 Schönhauser Allee ☎ 40.50.02.09, www.baderin.de. Ouv. mar.-sam. dès 10 h.*
Au cœur du très « hype » Prenzlauer Berg, Britta la Friseurin enduit vos cheveux des produits les plus bio, les plus tendres et les plus fondants (essayez la crème à l'aloe vera). De plus, les enfants sont les bienvenus : une mise en beauté familiale !

Die Hackesche Höfe

Visite 7 - **Plan p. 71 / A2** – *Rosenthalerstraße 40/41, S5, S7, S75 Hackescher Markt ☎ 28.09.80.10. Ouv. t.l.j. 10 h-20 h.*
Boutiques tendance dans un écrin Art nouveau *(p. 73)* composé de huit arrière-cours communicant entre elles.

♥ Lala Berlin

Visite 7 - **Plan p. 71 / B2** – *Alte Schönhauserstraße 3, U2 Rosa-Luxemburg-Platz ☎ 20.09.53.63. Ouv. lun.-sam. 11 h-19 h.*
L'adresse chérie des Berlinoises branchées et *girlies*.

♥ Leila M. Rosa

Visite 7 - **Plan p. 71 / B2** – *Rosa-Luxemburg-Straße 30, U2 Rosa-Luxemburg-Platz ☎ 24.08.54.19, www.leila-m.de. Ouv. lun.-ven. 12 h-20 h, sam. 13 h-18 h.*
Un choix pointu de DVD, CD et vinyles dans le style *clubbing* berlinois.

LPG am Senefelderplatz

Visite 7 - **Plan p. 71 / B1** – *Kollwitzstraße 17, U2 Senefelderplatz ☎ 322.97.14.00, www.lpg-biomarkt.de. Ouv. lun. sam. 9 h-21 h.*

Le plus grand supermarché bio d'Europe règne en maître dans l'Est berlinois. Produits verts pour toute la maison : de la cuisine à la salle de bains, en passant par le salon.

Wertvoll
*Visite 7 - **Plan p. 71 / B1** – Marienburger Straße 39, U2 Senefelderplatz ☎ 25.56.77.26, www.wertvoll-berlin.com. Ouv. lun.-ven. 10 h-20 h, sam. 10 h-18 h.*
Véritable caverne d'Ali Baba de toutes les marques européennes « éco-responsables » (des jeans Nudie aux chaussures Kavat), cette grande boutique colorée s'adresse à tous les membres de la famille : femmes, hommes et enfants.

Bio-Company
*Visite 8 - **Plan p. 79 / B3** – Friesenstraße 1, U7 Gneisenaustraße ☎ 284.72.47.40, www.biocompany.de. Ouv. lun.-sam. 8 h-21 h.*
Chaîne de grands magasins bio présents dans divers arrondissements de la ville.

Down By Retro (BCR/DBR)
*Visite 9 - **Plan p. 85 / B3** – Weserstraße 189, U7 Rathaus Neukölln, www.downbyretro.com. Ouv. lun. 12 h-19 h, mar-jeu. 11 h-20 h, ven. 11 h-21 h, sam. 14 h-21 h.*
Laura et Étienne, deux Français, ont ouvert un *concept store* deux-en-un : Laura, passionnée de mode vintage, sélectionne chaussures, sacs ou robes neufs ou d'occasion, et Étienne, qui possède son propre label (Bass Cadet records), choisit les vinyles avec soin. La boutique organise également des soirées animées.

Fritz
*Visite 9 - **Plan p. 85 / A2** – Dresdener Straße 20, U8, U12 Kottbusser Tor ☎ 615.17.00, www.schmuckwerkstatt-berlin.de. Ouv. lun.-ven. 10 h-19 h, sam. 11 h-16 h.*
Lignes contemporaines et matériaux inventifs (acier, coquillage, bronze…) chez ce bijoutier de Kreuzberg.

Rote Lippen
*Visite 9 - **Plan p. 85 / B2** – Oranienstraße 12, U12 Görlitzer Bahnhof ☎ 615.81.12, www.rotelippen-naturkosmetik.de. Ouv. lun.-ven. 10 h-19 h 30, sam. 10 h-18 h.*
Un salon de beauté 100 % nature dans le Kreuzberg qui bouge.

Ichichich
*Visite 10 - **Plan p. 89 / B2-3** – Kopernikusstraße 14, U12 et S5, S7 Warschauer Straße ☎ 178.288.18.22, www.ichichich-berlin.de. Ouv. lun.-mar. et jeu.-ven. 14 h-19 h, sam. 12 h-17 h.*
Superbes sacs et sacoches réalisés en toile de bâche de camion.

GALERIES D'ART

♥ Ehemalige Jüdische Mädchenschule
*Visite 7 - **Plan p. 71 / A2** – Auguststraße 11-13, S1, S2, S25 Oranienburger Straße, www.maedchenschule.org.*
Cette ancienne école de jeunes filles juives réunit sous le même toit : la **CWC**

Gallery *(☎ 24.04.86.14. Ouv. mar.-sam. 11 h-19 h)*, extension de la galerie de photographie Camera Work *(p. 176)* située à la Kantstraße ; la **Michael Fuchs Galerie** *(☎ 22.00.25.50. Ouv. mar.-ven. 10 h-18 h, sam. 11 h-18 h)*, dédiée à l'art moderne et contemporain et **Eigen + Art Lab**, sorte d'annexe érudite de la galerie du même nom.

Kunst-Werke

*Visite 7 - **Plan p. 71 / A2** – Auguststraße 69, S1, S2, S25 Oranienburger Straße*

☎ 243.45.90. Ouv. t.l.j. 12 h-19 h, jeu. 21 h. Entrée : 6 €.

Galerie célébrissime, organisatrice de la Biennale (n° 69).

MeCollectors Room

*Visite 7 - **Plan p. 71 / A2** – Auguststraße 68, S1, S2, S25 Oranienburger Straße*

☎ 86.00.85.10, www.me-berlin.com. Ouv. mar.-dim. 12 h-18 h. Entrée : + de 5 €.

Dans le cadre d'expositions tournantes, la collection Olbricht, l'une des plus vastes collections privées d'Europe, présente des œuvres éclectiques allant du début du XVIe s. à l'époque contemporaine. Admirable « cabinet des merveilles » de l'époque baroque.

SPORTS ET LOISIRS

Place de jeux « Kolle 37 »

*Visite 7 - **Plan p. 71 / A1** – Kollwitzstraße 37, U2 Senefelderplatz*

☎ 442. 81.22, www.kolle37.de. Ouv. lun.-ven. 12 h-19 h (oct.-avr. 11 h 30-18 h), sam. 13 h-18 h.

C'est l'endroit idéal pour défouler les petites têtes blondes de Prenzlauer Berg !

Cap à l'ouest

Visites 12 à 14, p. 102

OÙ DORMIR ?

De 75 à 100 €

Bleibtreu Hotel
*Visite 12 - **Plan p. 105 / A2** –*
Bleibtreustraße 31, U1 Uhlandstraße
☎ *88.47.40, www.bleibtreu.com.*
60 ch.
Chambres construites avec des matériaux non allergènes. Le *Bleibtreu* (littéralement « reste fidèle ») honore ses promesses : logé dans une maison patricienne du XIXe s., ce charmant hôtel acquis au commerce équitable propose à ses clients un service de massage et de réflexologie.

♥ **Hotel-Pension Funk**
*Visite 12 - **Plan p. 105 / A2** –*
Fasanenstraße 69, U1 Uhlandstraße
☎ *882.71.93, www.hotel-pensionfunk.de.*
15 ch.
Douillette et gentiment rétro, cette charmante petite pension de famille à l'atmosphère Art nouveau a pris ses quartiers dans l'ancienne demeure de la grande star du cinéma muet Asta Nielsen (1881-1972).

♥ **Propeller Island City Lodge**
*Visite 12 - **Plan p. 105 / Hors pl. par A2** –*
Albrecht-Achilles-Straße 58,
U7 Adenauerplatz ☎ *891.90.16,*
www.propeller-island.de. 27 ch.
Sorti de l'imagination du musicien Lars Stroschen, star de l'électro, l'hôtel, au choix, vous expédie sur un lit volant, vous colle au plafond ou vous pousse dans une fausse cage aux lions…

Q !
*Visite 12 - **Plan p. 105 / A2** –*
Knesebeckstraße 67, U1 Uhlandstraße
☎ *810.06.60, www.hotel-q.com. 72 ch.,*
4 stud. et 1 penthouse.
Cet hôtel, doté d'un Spa tout à fait renversant, est le *Home* berlinois du couple Brad Pitt et Angelina Jolie, c'est dire que c'est vraiment l'adresse star du moment !

OÙ MANGER ?

Moins de 5 €

Soup Kultur
*Visite 12 - **Plan p. 105 / A2** –*
Kurfürstendamm 224,
U1, U9 Kurfürstendamm ☎ *88.62.92.82,*
www.soupkultur.de. Ouv. lun.-sam.
12 h-18 h 30.
Dédiée au sacro-saint breuvage qui fait grandir : froide ou chaude, traditionnelle ou exotique.

De 6 à 15 €

Café am Neuen See
*Visite 12 - **Plan p. 105 / B1** –*
Lichtensteinallee 2, U9, U12

Zoologischer Garten ☎ 254.49.30, www.cafeamneuensee.de. Ouv. avr.-nov. : t.l.j. 10 h-23 h ; déc.-mars : sam.-dim. 10 h-23 h.
Lampions, éclats de rire et petites mousses à gogo dans ce charmant café idéalement situé tout près du zoo, au bord du lac Neuer See dans le Tiergarten.

Petrocelli
*Visite 12 - **Plan p. 105 / A2** – Savignyplatz, S5, S7 Savignyplatz ☎ 75.44.29.44, www.petrocelli-restaurant.de. Ouv. t.l.j 10 h-minuit.*
Belles pizzas (32 cm de diamètre !) dans ce restaurant italien doté d'une terrasse agréable pour les beaux jours. Également antipasti, salades, poissons et pâtes faites maison.

♥ Schleusenkrug
*Visite 12 - **Plan p. 105 / B1** – Müller-Breslau-Straße 1, U9, U12 Zoologischer Garten ☎ 313.99.09, www.schleusenkrug.de. Ouv. t.l.j 10 h-minuit.*
Petites salades, saucisses et bières… à deux pas du zoo ! L'un des plus charmants *biergarten* de la ville, éclairé à la lumière des lampions dès la nuit tombée.

♥ Gottlob
*Visite 13 - **Plan p. 111 / B2** – Akazienstraße 17, U7 Eisenacherstraße ☎ 78.70.80.95, www.gottlob-berlin.de. Ouv. lun.-jeu. 9 h-1 h, ven.-sam. 9 h-2 h, dim. 10 h-1 h.*
Face à l'église Saint-Paul, la fréquentation de ce café, idéalement douillet et convivial, constitue un rituel encore plus établi que la messe du dimanche. Brunch le dimanche jusqu'à 16 h. Journaux consultables sur place.

Habibi
*Visite 13 - **Plan p. 111 / B2** – Goltzstraße 24, U3, U4, U12 Nollendorfplatz ☎ 215.33.32, www.gottlob-berlin.de. Ouv. dim.-jeu. 11 h-3 h, ven.-sam. 11 h-5 h.*
Le snack *(Imbiss)* libanais le plus couru de Berlin. Prenez place dans la queue et goûtez aux falafels, spécialité de la maison.

De 15 à 30 €

Diener
*Visite 12 - **Plan p. 105 / A2** – Grolmanstraße 47, U1 Uhlandstraße ☎ 881.53.29. Ouv. t.l.j. 18 h-1 h.*
L'atmosphère du Diener, *kneipe* fondé en 1939 par un ancien champion de boxe, est tout sauf tendance… Mais c'est ici que le grand cinéaste Billy Wilder avait ses habitudes. Un vrai piège à cinéphiles !

♥ Mrhai & Friends
*Visite 12 - **Plan p. 105 / A2** – Savigny Platz 1, S7 Savignyplatz ☎ 37.59.12.00, www.mrhai.de. Ouv. t.l.j. 12 h-minuit.*
Cuisine vietnamienne fraîche et inventive dans cet établissement dirigé avec succès par un ancien « travailleur invité » de l'ex-RDA.

♥ Einstein Café

Visite 13 - ***Plan p. 111 / B1*** *– Kufürstenstraße 58, U12 Kurfürstenstraße ☎ 261.50.96, www.cafeeinstein.com. Ouv. t.l.j. 8 h-1 h.*

Le plus beau café viennois de la ville, aménagé dans l'ancienne villa de l'actrice Henny Porten (1890-1960), aussi cher aux cinéphiles qu'aux amateurs d'*Apfelstrudel* (gâteau aux pommes avec chantilly). Quentin Tarantino y a tourné des scènes d'*Inglourious Basterds* en 2009.

VIE NOCTURNE

Bar

Café Neues Ufer

Visite 13 - ***Plan p. 111 / B2*** *– Hauptstraße 157, U7 Kleistpark ☎ 78.95.79.00. Ouv. t.l.j. 14 h-2 h.*

À quelques mètres de Kleitspark, l'ancien café gay Anderes Ufer – aujourd'hui rebaptisé Neues Ufer – était fréquenté à la fin des années 1970 par David Bowie et son alter ego Iggy Pop, qui vivaient en colocation au n° 155 de la même rue.

Cabaret

Bar Jeder Vernunft

Visite 12 - ***Plan p. 105 / A2*** *– Schaperstraße 24, U3, U9 Spichernstraße ☎ 883.15.82, www.bar-jeder-vernunft.de. Billetterie lun.-sam. 12 h-18 h 30, dim. et j.f. 15 h-17 h 30.*

L'imposante salle aux miroirs Jugendstil (1912) attire une foule de spectateurs.

Classique, opéras

Deutsche Oper

Visite 12 - ***Plan p. 105 / Hors pl. par A1*** *– Bismarckstraße 35, U12 Deutsche Oper ☎ 343.84.01, www.deutscheoperberlin.de. Billetterie ☎ 34.38.43.43, lun.-ven. 8 h-18 h, sam.-dim. 11 h-16 h.*

Une acoustique parfaite depuis 1961.

♥ Deutsche Staatsoper

Visite 12 - ***Plan p. 105 / A1*** *– Schiller Theater, Bismarckstraße 110, U12 Ernst-Reuter-Platz ☎ 20.35.45.55, www.staatsoper-berlin.de. Caisse ouv. t.l.j. 12 h-19 h. Billetterie par tél. lun.-sam. 10 h-20 h, dim. 12 h-20 h.*

Des œuvres lyriques mais également des ballets classiques et modernes sont à l'affiche.

Clubs de jazz

A Trane

Visite 12 - ***Plan p. 105 / A2*** *– Bleibtreustraße 1, S5, S7, S9 Savignyplatz ☎ 313.25.50, www.a-trane.de. Ouv. t.l.j. 21 h-2 h, sam. jazz session à 0 h 30.*

Petit bar-club proposant une programmation jazz de qualité.

Quasimodo

Visite 12 - ***Plan p. 105 / A2*** *– Kantstraße 12a, U9, U12 Zoologischer Garten ☎ 31.80.45.60, www.quasimodo.de. Ouv. lun.-ven. dès 15 h 30 (11 h en été), sam.-dim. dès13 h. Concerts à 21 h.*

Club de jazz réputé où se côtoient artistes allemands et étrangers.

SHOPPING

Bikini Berlin

*Visite 12 - **Plan p. 105 / B2** – Budapester Sraße 40-50, U9, U12 Zoologischer Garten ☎ 55.49.64.54, www.bikiniberlin.de. Ouv. lun.-sam. 10 h-20 h.*

Le premier « concept mall » du pays, ouvert en 2014, s'étend sur 17 000 m^2. Il abrite une vingtaine de boutiques éphémères pour tester les tendances et des magasins classiques. Bonus : sa terrasse sur le toit avec vue directe sur le zoo et le Tiergarten.

♥ Bücherbogen

*Visite 12 - **Plan p. 105 / A2** – Savignyplatz-Stadtbahnbogen 593, S5, S7, S9 Savignyplatz ☎ 31.86.95.11. Ouv. lun.-ven. 10 h-20 h, sam. 10 h-19 h.*

Tout sur le design, l'architecture, les beaux-arts et le cinéma.

♥ Lilli Mendelssohn

*Visite 12 - **Plan p. 105 / A1** – Pestalozzistraße 8, S7 Savignyplatz ☎ 30.83.11.93, www.lillimendelssohn.com. Ouv. lun.-ven. 11 h-19 h, sam. 11 h-16 h.*

Aux alentours de Savignyplatz, créatrice de mode indépendante d'inspiration subtilement rétro. Pièces uniques, fraîches et féminines.

Literaturhaus Buchhandlung

*Visite 12 - **Plan p. 105 / A2** – Fasanenstraße 23, U1 Uhlandstraße ☎ 882.50.44, www.kohlhaasbuch.de. Ouv. lun.-ven. 10 h 30-19 h 30, sam. 10 h 30-18 h.*

Aménagée au sous-sol de l'adorable **Literaturhaus** *(encadré p. 108)*, cette librairie dispose d'un petit fonds étranger intéressant. Signatures d'écrivains fréquentes.

Trödel und Kunstmarkt

*Visite 12 - **Plan p. 105 / B1** – Sraße des 17.Juni 110, U12 Ernst-Reuter-Platz. Ouv. sam.-dim. 10 h-17 h.*

On y trouve tout : du coquetier au gramophone, tous *made in RDA*… pas toujours très net !

KaDeWe

*Visite 13 - **Plan p. 111 / A1** – Tauentzienstraße 21-24 ☎ 212.10, www.kadewe.de. Ouv. lun.-jeu. 10 h-20 h, ven. 10 h-21 h, sam. 9 h 30-20 h.*

Le plus vaste magasin d'Europe continentale ! *(p. 112)*

♥ Mimi

*Visite 13 - **Plan p. 111 / B2** – Goltzstraße 5, U7 Eisenacherstraße ☎ 23.63.84.38, www.mimi-berlin.de. Ouv. lun.-ven. 12 h-19 h, sam. 11 h-16 h.*

Redingotes, chapeaux et ombrelles pour se constituer la parfaite garde-robe d'une héroïne 1900 !

Atelier de moulage des Musées nationaux

*Visite 14 - **Plan p. 115** - Schloßstraße 69B ☎ 342.40.54, www.abguss-sammlung-berlin.de. Ouv. jeu.-dim. 14 h-17 h. Entrée gratuite.*

De l'Égypte antique à l'Amérique précolombienne, l'atelier propose plus de 6 500 œuvres à la vente. Les prix sont variables (de 10 € à 250 000 €), mais la qualité est garantie !

Schöne Alte Gläser

*Visite 14 - **Plan p. 115** - Suarezstraße 58 ☎ 323.81.11, www.schoene-alte-glaeser.de. Ouv. lun.-ven. 11 h-18 h, sam. 11 h-15 h.*

Du verre, et rien que du verre. Créations d'une grande délicatesse, dont certaines sont très anciennes.

GALERIES D'ART

♥ Camera Work

*Visite 12 - **Plan p. 105 / A2** – Kantstraße 149, S5, S7, S9 Savignyplatz ☎ 310.07.73, www.camerawork.de. Ouv. mar.-sam. 11 h-18 h.*

Seule galerie de photographies cotée en bourse où sont exposés les stars d'hier (Man Ray, Richard Avedon) et d'aujourd'hui (David Lachappelle).

Galerie Brockstedt

*Visite 12 - **Plan p. 105 / Hors pl. par A2** – Mommsenstraße 59, S5, S7, S9 Savignyplatz ☎ 885.05.00, www.brockstedt.com. Ouv. mar.-ven. 10 h-18 h, sam. 10 h-14 h.*

De l'entre-deux-guerres (Otto Dix) à la période contemporaine (Jupp Linssen, Gust Romijn).

SPORTS ET LOISIRS

Patinoire de Wilmersdorf

*Hors visite - **Plan détachable / B4** – Fritz-Wildung-Straße 9, Horst-Dohm-Eisstadion, U3, U7 Fherbelliner Platz ☎ 823.40.60, www.horst-dohm-eisstadion.de. Ouv. oct.-fév. lun.-ven. 9 h-18 h et 19 h 30-22 h, sam. 9 h-22 h, dim. 10 h-18 h. Entrée : 3,30 € + loc. patins.*

La plus grande patinoire de Berlin. Des compétitions de coupe du monde ont lieu sur sa piste de 400 m, un bonheur pour les amateurs de vitesse !

LE BOOM DU MARCHÉ BIO

Boutiques « organiques », cosmétiques naturels, marchés écolos : l'Allemagne est, à n'en pas douter, le **leader européen de la consommation bio**, devant le Royaume-Uni, la France ou l'Italie.
Aujourd'hui, le shopping « nature » n'a plus rien d'un acte militant ou élitiste. La demande est si importante que les produits bio ont conquis un autre secteur clé de l'économie d'outre-Rhin : les supermarchés discounts. Une petite révolution qui n'est pas sans entraîner quelques difficultés dans la production nationale. En effet, afin de satisfaire cette brusque expansion, certaines matières premières – dont les céréales – sont désormais importées.

Le Grand Berlin

Visites 15 à 17, p. 120

OÙ DORMIR ?

Moins de 45 €

Jugendherberge Am Wannsee
*Visite 17 - **Plan p. 136-137 / D1** –*
Badeweg 1, S1, S7 Nikolassee
☎ *80.32.034, www.jh-wannsee.de.*
Dortoirs de 4 lits.
Pour les budgets serrés et les amoureux de la baignade. Directement sur le lac de Wannsee.

Plus de 200 €

Schlosshotel im Grunewald
*Visite 15 - **Plan p. 123 / Hors pl. par B3** –*
Brahmsstraße 10, S7 Grunewald
☎ *89.58.40, www.schlosshotelberlin.de.*
54 ch. et suites.
Dans la forêt de Grunewald, cet ancien palais se tient à l'écart de la frénésie urbaine.

OÙ MANGER ?

De 6 à 15 €

♥ **Café K**
*Visite 15 - **Plan p. 123 / B2** –*
Sensburger Allee 26, S9, S75 Heerstraße
☎ *30.81.22.75, www.cafe-k.com.*
Ouv. mar.-dim. 10 h-18 h.
Un joli petit café ludique et rêveur. Pause idéale après la visite du Georg Kolbe Museum *(p. 126)*.

De 30 à 60 €

Blockhaus Nikolskoe
*Visite 17 - **Plan p. 136-137 / A2** –*
Nikolskoer Weg 15, S1, S7 Wannsee
☎ *805.29.14, www.blockhaus-nikolskoe.de. Ouv. t.l.j. été 11 h-21 h, hiver 11 h-18 h.*
Cette datcha édifiée en l'honneur du tsar Nicolas offre un dépaysement garanti au retour de l'île aux Paons. Pour savourer de l'*Apfelrotkraut* (chou rouge aux pommes) au bord de la Havel.

VIE NOCTURNE

Classique, opéra

Maison de la radio
*Hors visite - **Plan détachable / A3** –*
Haus des Rundfunks, Masurenallee 8-14, U12 Theodor-Heuss-Platz ☎ *333.95.09*
Le très renommé orchestre traditionnel Berliner Symphoniker se produit ici, dans le grand auditorium qui dispose de 900 places ou dans le petit auditorium, d'une capacité de 150 places.

SPORTS ET LOISIRS

Pour la luge et le snowboard, optez pour le **Teufelsberg** *(p. 126)*.

Baignades et sports nautiques aux **lacs Großer Müggelsee** *(p. 101)*, de **Wannsee** *(p. 135)* et de **Teufelssee** (naturiste, *p. 128*)

Tout savoir sur...

L'histoire, l'architecture, la gastronomie, la culture…

Berlin est sûrement la capitale européenne la plus marquée par l'histoire. Mais, malgré ce destin chaotique, elle fait preuve aujourd'hui d'une extraordinaire vitalité. Elle soigne son architecture, en perpétuelle évolution depuis vingt ans ; retrouve son importance artistique, rénovant ses grands musées d'art ou d'archéologie ; s'enorgueillit de sa culture, alternative et contestataire, et s'affirme « pauvre mais sexy » ; enfin, elle cultive son art de vivre unique, où nature et simplicité sont les maîtres mots.

Architecture

La moderne Potsdamer Platz

➤ Berlin, ville phénix

Le 11 novembre 1989, devant un pan de mur encore debout, un vieux monsieur installé sur une chaise interprétait la Troisième Suite pour violoncelle *de J.-S. Bach. Celui que de nombreux passants ont pris pour un musicien de rue n'était autre que l'un des plus grands virtuoses de notre temps : Mstislav Rostropovitch. Dans la mémoire collective, cette image reste le symbole de la liberté retrouvée. De Berlin, qui a réuni en son sein les deux totalitarismes majeurs du XXe s., on a dit qu'elle était « condamnée à toujours devenir et à n'être jamais ». Chronique d'une résurrection perpétuelle.*

Utopies d'avant

Des années 1910 aux années 1920, la dénonciation des *Mietskasernen*, ces appartements surpeuplés et insalubres qui se multiplient dans les quartiers populaires, conduit certains avant-gardistes à rêver d'un autre habitat social, abordable certes, mais aéré, ensoleillé et esthétique… bref, révolutionnaire ! Le maître d'œuvre de cette utopie architecturale, l'expressionniste **Bruno Taut** (1880-1938), s'initie au concept de **cités-jardins** en Angleterre. De retour à Berlin, en 1913-1915, il construit à Falkenberg – dans la périphérie « verte » – un premier **lotissement aux façades multicolores** *(Akazienhof, S8, S46, S85 Grünau)*. Dix ans plus tard, c'est à Neukölln qu'il bâtit autour d'une petite mare l'étonnante « **cité en fer à cheval** » *(Hufeisensiedlung, Lowise-Reuter-Ring, U7 Blaschkoallee)*, équipée de tout le confort moderne et dotée d'espaces verts : une véritable petite « enclave du bonheur » toujours pimpante quatre-vingts ans plus tard !

En 1926, enfin, au sud de Dahlem, est érigée la « **case de l'oncle Tom** » *(Onkel Toms Hütte, U3 Onkel Toms Hütte)*, une résidence modèle alignant de beaux **toits-terrasses.** À ceux qui désapprouvaient ce « luxe pour les pauvres », le maire de l'époque, Gustav Böss, répondait : « Les couches les plus basses de la société doivent être tirées vers le haut. » Sept ans plus tard, Berlin cédait aux sirènes nazies.

Un tas de décombres près de Potsdam

Soixante-dix mille tonnes de bombes, 80 000 morts, 75 millions de m^3 de gravats : au lendemain de la Seconde Guerre mondiale, la capitale du Reich, livrée à la maladie et à la famine, offrait une vision de fin du monde. Le centre-ville avait pratiquement disparu : Alexanderplatz, l'île des Musées et le château de Charlottenburg, qui faisaient l'orgueil de la métropole, étaient ouverts aux quatre vents.

En 1949, de retour de son exil outre-Atlantique, Brecht qualifia la ville calcinée de simple « tas de décombres près de Potsdam ». Grâce au labeur acharné des ***Trümmerfrauen*** – les anonymes « femmes des gravats », veuves pour la plupart, mobilisées par le Service général du travail dans l'immédiat après-guerre –, cet océan de débris, dûment balayés, triés, rassemblés, va précisément marquer la première étape de la reconstruction. En moins de six mois, un tiers des rues est dégagé et neuf collines artificielles formées par les déblais – dont le **Teufelsberg** *(p. 126)* et le **Volkspark Friedrichshain** *(p. 90)* – s'élèvent sur les ruines du passé.

La rivalité Est/Ouest

Au début des années 1950, les architectes ont vu dans la « décongestion mécanique » (!) occasionnée par les bombes l'opportunité de réorganiser la ville. Si la reconstruction des habitats et des infrastructures demeurait la priorité absolue, les premiers grands projets urbanistiques ont rapidement vu le jour : à l'Est, la colossale et majestueuse **Stalinallee** *(p. 91)* ; à l'Ouest, des édifices aux lignes audacieuses, tel que la **Maison des cultures du monde** *(p. 29)*, conçus pour l'Exposition internationale d'architecture de 1957. De part et d'autre du Mur, de nouveaux centres-villes ont été créés dans les années 1960 : la **Breitscheid**

platz surplombée par l'église du Souvenir, côté ouest *(p. 106)* ; l'**Alexanderplatz** hérissée de la Tour de télévision, côté est *(p. 65)*.

En matière architecturale, malgré le dégel politique amorcé dans les années 1970, les deux Berlin continuaient à se tourner le dos, même en 1987, lors du 750e anniversaire de la ville. À l'époque, l'Est s'était appliqué à **restaurer « à l'identique »** des quartiers entiers – tels que le **Nikolaiviertel**, à l'allure de carton pâte, près d'Alexanderplatz *(p. 68)*. L'Ouest, en revanche, préconisait une **« reconstruction critique »** censée adapter les apports de l'histoire aux normes contemporaines. La chute du Mur va mettre fin à ces querelles de clocher.

Nouveaux défis

Au début des années 1990, tout est à faire : bâtir ou restaurer les édifices destinés à héberger le gouvernement fédéral (qui doit quitter Bonn), réaménager les grands axes routiers et ferroviaires traversant la ville, réhabiliter les bâtiments historiques, concevoir de nouveaux espaces de bureaux sur les anciennes friches… « En fait, résume Hilmar von Lojewski, responsable du développement urbain, nous avions trois objectifs : **réunir les deux parties, réaliser une unité architecturale** et donner à Berlin un **visage à la hauteur de sa fonction de capitale.** »

Pendant 10 ans, les plus grandes stars de l'architecture se penchent sur le destin de la capitale : **Norman Foster** pour la réhabilitation du Reichstag *(p. 25)*, **Axel Schultes** et **Charlotte Frank** pour l'édification de la chancellerie *(p. 28)*, **Renzo Piano** et **Richard Rogers** pour la construction de nombreux bâtiments de la Potsdamer Platz *(p. 33)*, ou encore **Meinhard von Gerkan** pour l'inauguration de la grandiose gare centrale *(p. 58)*… En quelques années, la multitude de chantiers pulvérise tous les records : 10 000 camions par jour, 6 millions de tonnes de terre retournée et 17 millions de tonnes de matériaux utilisés !

Le poids de la mémoire

La nouvelle Berlin, émaillée de très nombreux monuments commémoratifs *(p. 192)*, assume pleinement sa vocation de « **capitale de la mémoire européenne** ». Comme le souligne l'architecte Hans Kollhoff, l'auteur du vertigineux gratte-ciel de la Potsdamer Platz *(p. 34)* : « À la différence de Munich ou de Vienne, Berlin n'a jamais essayé de minimiser sa responsabilité et les catastrophes qu'elle a engendrées au XXᵉ s. Bien au contraire, la fonction de Berlin est précisément d'écrire l'Histoire, d'en débattre et de transmettre sa mémoire aux générations futures. » Si un vaste espace est consacré à toutes les victimes du nazisme, au sud de la porte de Brandebourg *(p. 42)*, la ville ne pouvait pourtant pas se transformer en grand mémorial.

La reconstruction s'est donc appuyée sur des principes contradictoires. Du côté est, des fresques socialistes ont disparu des immeubles, des hectolitres de stuc pastel ont recouvert les façades vérolées de Prenzlauer Berg, et de nombreuses rues – telle l'ancienne place Lénine devenue la place des Nations-Unies *(p. 90)* – ont changé d'identité. D'arrogants édifices de verre et d'acier ont surgi de toutes parts. La **Potsdamer Platz** a imposé sa silhouette futuriste *(p. 33)* et le nouveau **quartier du gouvernement** *(p. 25)*, qui a scellé l'union des deux Berlin, a ostensiblement tourné le dos au passé. Certains bâtiments ont obéi à une double logique de destruction et de reconstruction : c'est le cas du majestueux **Reichstag**, qui, dépouillé des oripeaux des années 1950-1960, a retrouvé sa structure de 1894… spectaculairement embellie par une coupole ultramoderne. Mais c'est également le cas du plus grand des absents : le **Mur**. Par une ironie dont seule l'histoire a le secret, cette frontière d'autrefois reste la principale attraction touristique de Berlin et doit donc être partiellement préservée. Dans le quartier de Friedrichshain, les quelque 1 300 m de l'**East Side Gallery** sont ainsi entretenus par la municipalité *(p. 93)*.

Berlin aujourd'hui

Aujourd'hui, le phénix a pu renaître de ses cendres. Reste à édifier d'ici à 2019 le fastueux **forum Humboldt** *(p. 52)* sur les ruines de l'ancien palais de la République de la RDA, lui-même bâti sur les décombres du château royal des Hohenzollern. Après des années de polémique opposant les partisans du château et les adeptes du palais, la ville s'est finalement décidée pour une copie à l'identique de la façade du château dissimulant un centre culturel ultramoderne de 50 000 m². Sorte de Janus à deux visages, Berlin renoue avec son passé tout en abordant l'avenir avec confiance.

Nature

➤ La ville-campagne

Des avenues plantées d'acacias qui embaument le miel jusque dans le métro, des promeneurs alanguis à toutes les heures du jour et de la nuit, des fleurs sauvages dans les friches industrielles et des séances de cinéma en plein air (p. 188) *: pas de doute, vous êtes bien dans la capitale allemande ! Huit fois plus vaste que Paris, la métropole compte 30 % de lacs et forêts. Une véritable nature urbaine !*

Bar de plage en centre-ville

Sous les pavés, la plage !

Ancien village de pêcheurs né au bord de la Spree, Berlin, émaillée d'une cinquantaine de lacs et de près de 35 îles, conserve son « âme » lacustre. Avec 200 km de voies navigables, la capitale compte plus de ponts que Venise ! Au bord des berges et des canaux, les **bars de plage** du centre-ville se sont multipliés, donnant au paysage urbain un indiscutable **petit air balnéaire**.

Envie de piquer une tête ? Rendez vous dans le parc de Treptow, où l'étonnante **piscine du Badeschiff**, aménagée sur la rivière, garantit le plongeon le plus *hype* de la ville jusqu'au milieu de la nuit *(p. 98)*. Ceux qui préfèrent les lacs iront, au choix, s'ébattre sur la très populaire plage de **Wannsee** – bondée depuis 1907 ! *(p. 135)* –, sur les rives sauvages du **Großer Müggelsee** – le plus grand de la capitale *(p. 101)* –, ou sur le petit îlot naturiste du **Teufelssee** *(p. 128)*.

Les marins d'eau douce embarqueront au départ du château de Charlottenburg *(p. 115)* et vogueront sur la **Spree**, en passant par le quartier gouvernemental, l'île des Musées et le très pittoresque **Landwehrkanal** *(p. 84)*. D'autres bateaux prennent le grand large au départ de Treptow ou de Potsdam-centre *(encadré p. 145)*.

Chlorophylle

Berlin comprend 54 parcs, cinq forêts, des dizaines de milliers de lapins et presque autant de sangliers, qui, au point du jour, font détaler les joggeurs (notamment à Teufelsberg). Si les zones forestières situées à la périphérie – entre autres, **Köpenick** *(p. 101)* et **Grunewald** *(p. 126)* – sont les destinations privilégiées du week-end, les espaces verts du centre-ville sont fréquentés quotidiennement par la foule des badauds, amoureux, sportifs et… naturistes occasionnels *(p. 128)* !

Au cœur de la ville, le **Tiergarten** *(p. 29)*, le plus grand de tous les parcs de la capitale allemande, aligne ses 200 ha et quelque 32 km de sentiers. Il voit passer la joyeuse déferlante du marathon de septembre et accueille dès les premiers beaux jours les amateurs de pique-niques. Durant les week-ends d'été, le poumon vert de Berlin est quelque peu « encrassé » par la fumée des barbecues. Et une fois les enfants couchés, Tiergarten se transforme en lieu de rencontre gay. Bref, le doyen des jardins de la capitale est bien à l'image de sa ville : parfaitement éclectique !

Le Tiergarten

Les autres parcs du centre raviront les amis des bêtes (**jardin zoologique**, *p. 105*), les chasseurs de têtes couronnées (**Charlottenburg**, *p. 117* et **Sans-Souci**, *p. 149*), les amoureux d'exotisme (**jardin botanique**, *p. 132*), les férus d'insolite (**l'île aux Paons**, *p. 138*), ou les amateurs d'histoire (**Tempelhofer Park**, *p. 82* et **Volkspark Friedrichshain**, *p. 90)*.

Les francs-tireurs n'hésiteront pas à s'aventurer à **Marzahn**, où se déploie un magnifique jardin asiatique né de la collaboration entre l'ex-Berlin-Est et la ville de Pékin *(Gärten der Welt, Eisenacher Straße 99 ☎ 700.90.66.99. Ouv. t.l.j. 9h-16h (nov.-fév.), 18h (mars-oct.), 20h (avr.-sept. Entrée : - de 5 €.).*

Culture

➤ Le mur du son

En Europe, la szene berlinoise a longtemps été sous-estimée au profit de la scène londonienne. Toutefois, le « mur de la honte » et l'ensemble de ses no man's land *désolés ont attiré, depuis les années 1970, les grands noms internationaux du rock, du punk ou de l'électro. Aujourd'hui, Berlin n'a rien à envier à Londres ou à New York.*

L'errance des années 1970

En 1973, « l'ange noir du rock », **Lou Reed**, ouvre le bal avec *Berlin*, un album déprimé qui relate – à l'image de la métropole écartelée – un amour maudit aux accents schizophrènes. Quatre ans plus tard, **David Bowie**, le « caméléon » qui a toujours su flairer l'air du temps, hante les bas-fonds de la métropole allemande et livre le sublime *Heroes*, dont le titre phare évoque l'histoire d'un couple d'amoureux qui se retrouve au pied du mur. La même année, en 1977, Bowie produit coup sur coup deux albums de **Iggy Pop** : *Idiots* et *Lust for Life* – disques sombres et cafardeux, marqués par l'usage effréné de stupéfiants.
À l'époque, le mouvement punk bat son plein, et Berlin-Est voit une drôle de comète traverser la frontière : **Nina Hagen**. Fille adoptive du poète dissident est-allemand Wolf Biermann, l'interprète d'*African Reggae* s'installe dans le secteur Ouest avant de s'envoler vers le nouveau continent.

Avant la chute

Musicalement, la ville est en effervescence. Le groupe **Einstürzende Neubauten** (littéralement « bâtiments neufs qui s'effondrent ») sort en 1981 son premier disque au nom prophétique, *Kollaps*. Proche des mouvements autonomes et anarchistes, les fondateurs du **courant indus** (industriel) incorporent des sons concrets (bétonnières, marteaux piqueurs…) dans leurs morceaux. Le guitariste de la formation, Blixa Bargeld, rejoint une autre légende de la scène postpunk, l'Australien Nick Cave. À Berlin, où il réside de 1980 à 1989, **Nick Cave** compose quatre albums et tire sa révérence peu avant la chute du Mur. Les cinéphiles se souviennent de son apparition dans *Les Ailes du désir* de Wim Wenders (1987) – le plus beau film sur Berlin jamais réalisé – dont il signe la bande originale.

À la même époque, au beau milieu des années 1980, les Britanniques de **Depeche Mode** viennent s'inspirer du son métallique, froid et distancié de **Kraftwerk** (littéralement « centrale électrique »). C'est ce dernier groupe, basé à Düsseldorf, qui inspire la **vague électro**, dont l'un des avatars, la **techno**, avait trouvé une extraordinaire plate-forme dans la **Love Parade** *(ci-dessous)*. Mais Love Parade ou pas, Berlin reste la capitale incontestée de l'électrochoc.

Du minimal à la house en passant par la techno plus dure, les déclinaisons de la « matrice sonore » sont foisonnantes, voire infinies. Effet de la magie berlinoise : un DJ officiant dans l'une des usines désaffectées qui électrisent les nuits de la capitale peut devenir une star en une saison. À l'heure où MTV Europe, Universal et Sony se sont installés au bord de la Spree, le clivage entre création *underground* et label commercial est définitivement caduc.

Good bye Love Parade !

Créée à l'origine à l'été 1989 pour protester contre le Mur, cette extraordinaire manifestation festive et commerciale a connu une montée en puissance au tournant du millénaire : pas moins de 1,5 million d'*aficionados* en 1999. Puis elle s'érode doucement au cours des années 2000. La dernière édition berlinoise a lieu en 2007 et, en 2010, les autres villes d'Allemagne l'abandonnent également suite au drame de Duisbourg (15 morts). En 2015, un nouveau festival électro sous le signe de la communion, de l'amour et de la compassion a vu le jour pour remplacer (sans pour autant copier), cette procession historique.

Berlin, un label électro

Dans le sillage de la Love Parade, une multitude de labels électro sont nés à Berlin. Parmi les plus connus, Chain Reaction, Monika Enterprise et BPitch Control ont fait de la capitale allemande la reine incontestée de la scène électro. Pour avoir une idée des tendances, rendez-vous au **Berghain** *(p. 168)*, au **Salon - Zur wilden Renate** *(p. 168)* et au **Watergate** *(p. 168)*, les clubs phare.

➤ Babelsberg : Hollywood berlinois

En 1951, à Berlin-Ouest, naît la Berlinale, le festival du film couronné par le célèbre Ours d'or. Dans l'esprit des Occidentaux, cette vitrine du monde libre doit compenser la perte des studios de cinéma de Babelsberg, situés à l'Est.

L'âge d'or

Fondés en 1912, les studios de Babelsberg ont vu éclore le fleuron de l'expressionnisme, tel le *Nosferatu* de Murnau (1922). En 1927, le fastueux *Metropolis* de Fritz Lang précipite les studios au bord du gouffre… Trois ans plus tard, *L'Ange bleu* de Sternberg, avec Marlene Dietrich à l'affiche, les sauve *in extremis*.

Les heures sombres

Sous le IIIe Reich, Goebbels, le ministre de la Propagande, contrôle toute la production. De cette époque funeste subsistent des réalisations aux relents antisémites (*Juif Süss* de Veit Harlan, 1940) –, et de grands succès français, dont *Gueule d'amour* avec Jean Gabin (1937).

Au temps de la guerre froide

Tombés dans l'escarcelle de la RDA, les studios se font l'écho de la « grandeur communiste ». Le genre héroïque laisse toutefois passer quelques pépites, dont l'attachante *Légende de Paul et Paula*, signée Heiner Carow (1973).

CINÉMAS EN PLEIN AIR

De mai à septembre, profitez des joies du *Freiluftkino* ; programme dans le TIP et les journaux.
Volkspark Friedrichshain *(p. 90)* : Volkspark, U5 Strauberger Platz ☎ 29.36.16.00. Place : 7 €.
Forum de la Culture *(p. 35)* : Matthaïkirchplatz 4-6, U2, S1, S25 Potsdamer Platz ☎ 62.70.95.50. Place : 7,50 €.
Kreuzberg *(p. 86)* : Kunstquartier Bethanien, Mariannenplatz 2, U8 Kottbusser Tor ☎ 24.31.30.30. Place : 7 €.
Lac de Großer Müggelsee *(p. 101)* : Bölscherstraße 62, S3 Friedrichshagen ☎ 65.01.31.41.

Le renouveau

Après la réunification, Babelsberg devient une cité des médias avec parc à thème *(p. 148)*, télévisions et lieux de tournage. De nombreuses superproductions y voient le jour : *Stalingrad* de J.-J. Annaud (2001), *Le Pianiste* de R. Polanski (2002) ou *Inglorious Basterds* de Q. Tarantino (2009). En 2012, Babelsberg fêtait ses 100 ans.

➤ Berlin en fêtes

Janvier. **Longue nuit des musées** (*Lange Nacht der Museen*) : ouverture nocturne le dernier samedi du mois. Également le dernier samedi d'août.
Février. **Berlinale** : pendant allemand du Festival de Cannes… attention, les cinémas sont pleins à craquer !
Mars. ***Maerzmusik*** : le rendez-vous des musiques expérimentales venues de la RDA des années 1960.
Avril. ***Festtage*** : 10 j. de concerts et d'opéras de haute volée.
Mai. **Carnaval des cultures** (*Karneval der Kulturen*) : en plein cœur de Kreuzberg, 3 j. de manifestations multiculturelles. Début de la **Biennale d'art contemporain.**
Juin. **DMY,** festival international du design. ***Christopher Street Day :*** Gay Pride haute en couleur, typiquement berlinoise. **Fête de la musique. Biennale d'art contemporain.**
Juillet. ***Classic Open Air Gendarmenmarkt*** : concerts sur la sublime « place des Gendarmes ».
Août. **Festival international de danse** (*Internationales Tanzfest Berlin*).
Septembre. **Pyronale** : deux nuits de feux d'artifice. **Marathon de Berlin** : depuis la porte de Brandebourg, la plus importante course de rue d'Europe.
Octobre. **Jour national de la réunification allemande** (*Tag der Deutschen Einheit*) : le 3 octobre est l'occasion de nombreuses manifestations.
Décembre. **Marchés de Noël** (*Weihnachtsmärkte*) et **Saint-Sylvestre** (*Silvester*) : vins chauds, bougies et chants de Noël couronnés par une « kolossale » fête de la Saint-Sylvestre entre la porte de Brandebourg et la colonne de la Victoire.

Plus d'informations sur www.berlin.de/fr/evenements

Histoire

➤ Les dates qui ont fait Berlin

Avec plus de 800 ans d'histoire mouvementée, Berlin n'est plus à une reconstruction près. Voici quelques dates importantes.

La célèbre Trabi

1237. **Fondation officielle de Cölln**, bâtie sur un petit îlot de la Spree (au S-E de l'actuel quartier Saint-Nicolas) suivie, en 1244, de la **création de Berlin**, établie sur la rive N de la rivière. Les deux « comptoirs » sont enserrés par le même mur d'enceinte.
1415. Frédéric de Hohenzollern devient Électeur de Brandebourg. La domination de la maison des Hohenzollern durera plus de 500 ans *(encadré ci-contre)*.
1685. **Frédéric-Guillaume**, le Grand Électeur, décrète l'édit de Potsdam : les huguenots (protestants français, *balade secrète p. 60*) affluent dans la région de Brandebourg.
1701. Berlin devient résidence royale sous le règle de Frédéric Ier, roi de Prusse.
27 oct. 1806. L'empereur français Napoléon entre à Berlin avec ses troupes. La ville reste occupée par des troupes françaises jusqu´en décembre 1808.
1871. Berlin devient la capitale de l´Empire allemand.
9 nov. 1918. L'empereur Guillaume II, le dernier des Hohenzollern, est contraint d'abdiquer. Du haut du Reichstag, Philipp Scheidemann proclame la libre république allemande. Quelques heures plus tard, depuis le château royal, le révolutionnaire Karl Liebknecht annonce en pure perte la **libre république socialiste d'Allemagne.** Le social-démocrate Friedrich Ebert devient chancelier.
27 fév. 1933. L'**incendie du Reichstag** – dont l'origine est toujours sujette à polémiques – permet aux nazis de bloquer le fonctionnement des institutions, de suspendre toutes les libertés individuelles et de réprimer l'opposition de gauche : 5 000 personnes sont arrêtées dans toute l'Allemagne.
1er-16 août 1936. **Onzièmes Jeux olympiques d'été**. La ville est temporairement « nettoyée » de ses slogans antijuifs.

9 novembre 1938. La **Nuit de cristal** fut le signal de la première vague d'arrestations des Juifs en Allemagne et en Autriche.

1940-1945. Des raids aériens britanniques, américains et soviétiques bombardent la capitale, causant d'importants dégâts humains et matériels.

30 avr. 1945. Suicide d'Hitler et de Goebbels. L'Armée rouge hisse son drapeau sur la coupole du Reichstag.

Juil.-août 1945. Tenue de la **conférence de Potsdam** : la ville sera conjointement administrée par les Alliés. Berlin est divisée en quatre secteurs – États-Unis, Grande-Bretagne, France et Union soviétique – avec un organe de commandement commun, la **Kommandantura**.

23 mai 1949. Instauration de la **République fédérale d'Allemagne** (RFA) qui regroupe les zones d'occupation américaine, française et britannique. Bonn devient la capitale du nouvel État.

7 oct. 1949. Fondation de la **République démocratique allemande** (RDA). Berlin-Est en est la capitale.

Nuit du 12 au 13 août 1961. Édification du Mur à l'initiative de la RDA.

Nov. 1989. Le 4, plus de 500 000 citoyens de Berlin-Est réunis sur Alexanderplatz exigent la liberté d'opinion. Le 9, un nouveau règlement en matière de voyages à l'étranger autorise la circulation des citoyens est-allemands : **le Mur est tombé**. Le 11, près de 1,3 million de personnes franchissent la ligne de démarcation.

Été 1999. Déménagement du pouvoir politique : le Parlement, les ministères et 12 000 fonctionnaires sont transférés de Bonn à Berlin avec 120 000 meubles.

Sept. 2003. Premier conseil des ministres franco-allemand.

HOHENZOLLERN, 500 ANS DE RÈGNE (EXTRAITS)

Frédéric de Hohenzollern (1415-1440), margrave et Électeur du Brandebourg.
Frédéric-Guillaume (1640-1688), dit le Grand Électeur, considéré (a posteriori) comme le fondateur de la Prusse moderne.
Frédéric Ier (1688-1713), Berlin devient capitale royale.
Frédéric-Guillaume Ier (1713-1740), dit le Roi-Sergent, transforme Potsdam en ville de garnison.
Frédéric II (1740-1786) dit le Grand, premier roi de Prusse.
Frédéric-Guillaume IV (1840-1861). Révolution de 1848.
Guillaume Ier (1861-1888). Empereur allemand en 1871.
Guillaume II (1888-1918). Son abdication (1918) marque la fin de l'Empire.

➤ Une mémoire fractionnée ?

Berlin subit-elle une inflation du souvenir ? Il faut dire que la capitale allemande est la ville d'Europe la plus richement dotée en monuments commémoratifs…

Le souvenir de la Shoah

À l'origine, l'espace, qui est situé au sud de la porte de Brandebourg, devait être dédié à tous les martyrs de la « solution finale » (Juifs, Tsiganes, homosexuels, handicapés, témoins de Jéhovah…) mais le souvenir de la Shoah a finalement supplanté tous les autres.

Outre le **mémorial de l'Holocauste** inauguré en 2005 *(p. 42)*, la ville dispose – entre autres ! – d'un **mémorial aux Victimes de la guerre** (1993, *p. 43*), d'un **mémorial de l'Autodafé** (*La Bibliothèque engloutie*, 1994, *p. 45*), d'un **mémorial des Homosexuels** persécutés par le nazisme (2008, *p. 42*) ainsi que d'un **mémorial aux Tziganes** assassinés entre 1933 et 1945 (2012)…

Sur un air de fête !

Berlin dispose de musées et mémoriaux éminemment sérieux – voire solennels –, évoquant le temps du Mur (**Mauer Museum,** *p. 80*) et la mainmise de la Stasi (**Stasi Museum,** *p. 92*). Mais depuis que la partition de Berlin n'est plus qu'un souvenir, Berlin s'adonne aussi à l'**ostalgie** (« nostalgie de l'Est »), sorte de commémoration joyeuse du passé, enfantine et second degré, habilement relayée par les entreprises publicitaires.

Ostalgie-Partys

Ici on boit du **Vita-Cola** tout en vibrant aux sons des standards de la RDA *(RDA-Musiktitel)*. Les fans de *Good Bye, Lenin !* (César 2003 du meilleur film étranger) peuvent embarquer à bord d'une « **Trabi** », la voiture familiale devenue culte *(p. 218)*, écouter la radio de la RDA au **DDR Museum** *(p. 67)*, déguster le menu « dictature du prolétariat » au café-bar **Gorki Park** *(p. 164)*, et dormir sous le portrait d'Erich Honecker – le célèbre chef d'État est-allemand – à l'hôtel **Das DDR** *(p. 163)*. Une célébration franchement consumériste qui exaspère les associations de victimes de la répression communiste.

➤ Tout sur le Mur

Tombé dans la nuit du 9 au 10 novembre 1989 sous l'œil des caméras du monde entier et de milliers de Berlinois, le Mur continue aujourd'hui d'être l'une des principales attractions touristiques de la capitale allemande. Encore faut-il en trouver les derniers vestiges !

LE MUR EN CHIFFRES

Longueur totale de la ceinture autour de Berlin-Ouest : 155 km.
Longueur de la frontière intra-urbaine Berlin-Est et Berlin-Ouest : 43,1 km.
Hauteur : 3,6 m.
Miradors : 302. Bunkers : 20.
Postes-frontières entre Berlin-Est et Berlin-Ouest : 8.
Évasions réussies : 5 075.
Nombre de morts : 192.

Le rideau de fer en quatre étapes

En 1952, la RDA suspend pour la première fois les liaisons téléphoniques avec la RFA. Au cours des années 1950, 12 000 habitants de l'Ouest *(Wessis)* viennent encore travailler quotidiennement en zone soviétique et 60 000 résidents de l'Est *(Ossis)* effectuent le chemin inverse.

En 1958, 150 citoyens de l'Est partent s'installer définitivement à l'Ouest ; en 1960, ils sont 1 000 et en 1961, 6 000 ! Une véritable ruée qui alarme le gouvernement est-allemand. Pour stopper l'hémorragie démographique, la RDA recourt à une mesure radicale. Dans la nuit du 12 au 13 août 1961, le rideau de fer – qui n'était encore qu'une ligne de démarcation – devient un mur de béton. La cloison meurtrière est construite en une seule nuit !

En 1972, à l'issue de l'accord quadripartite, les Allemands de l'Ouest obtiennent un droit de visite de 30 jours par an en RDA (45 jours en 1984). À l'Est, seuls les retraités sont autorisés à franchir la frontière. En 1987, 19 000 ressortissants est-allemands gagnent ainsi la RFA. Le 4 novembre 1989, plus d'un demi-million de manifestants de l'Est se réunissent sur Alexanderplatz.

Cinq jours plus tard, le point de contrôle de la Bornholmer Straße (Prenzlauer Berg) cède. Le 22 décembre, la porte de Brandebourg, symbole de la nation allemande, est ouverte à tous, laissant échapper un flot de personnes.

Quelques évasions spectaculaires

En 1962, 14 *Ossis* enivrent le capitaine d'un bateau et réussissent à traverser la rivière Spree malgré les coups de feu des gardes. En 1964, 57 Berlinois de

l'Est franchissent le Mur « par en dessous », en creusant une galerie sous les fortifications de la frontière.
En 1987, deux amis tentent de franchir la « bande de la mort » à bord d'un poids lourd. L'un parvient à atteindre l'Ouest, l'autre succombe aux balles des gardes…

SUIVEZ LE GUIDE !

Les librairies spécialisées dans le tourisme proposent un **plan** intitulé *Wo die Mauer war ? (Où était le mur ?*, éd. Gauglitz ou Pharus), qui indique l'ancien tracé du mur dans son intégralité. Plus high-tech, une appli connectée à un GPS – **Mauerguide** – est disponible depuis 2008 dans la quasi-totalité des lieux où l'on peut encore voir des vestiges du mur *in situ* aujourd'hui.

Mur à vendre !

En quelques années, la frontière de béton part en morceaux : dès 1990, une première vente officielle se tient à Monaco. De leur côté, les fameux *Mauerspechten* (« pics-verts du Mur »), armés d'une pioche, démantèlent le mur, certains pour leur collection personnelle, d'autres pour l'appât du gain. Aujourd'hui, les petits vendeurs des années 1990 ont cédé la place à de véritables businessmen du Mur, qui abreuvent les boutiques de produits façonnés pour les touristes. Certains sont accompagnés d'un certificat d'authenticité… parfaitement inauthentique !

Qu'en reste-t-il ?

Devant le Reichstag, des **croix blanches** honorent la mémoire des fugitifs *(p. 25)*, tandis qu'une double rangée de pavés reproduit le tracé du mur devant la porte de Brandebourg *(p. 39)*. Plus loin, sur **Potsdamer Platz** et **Leipziger Platz**, un marquage au sol commémore l'ancienne frontière *(p. 33)*. Dans la **Niederkirchnerstraße** subsiste un tronçon de 200 m du Mur. Juste à côté, le **Mauer Museum** près de **Checkpoint Charlie** recense l'inventivité de ceux qui l'ont franchi *(p. 80)*. Au S-E de la Bernauer Straße, l'émouvant **mémorial du Mur** propose un panorama « historique » du rideau de fer *(p. 76)*. Dans la **Mühlenstraße** s'élève le plus long (1,3 km), le plus beau et le plus « mythique » pan du Mur : la célébrissime **East Side Gallery** *(p. 93)* recouverte de peintures par des artistes.

Société

➤ Capitale contestataire

La maison Schwarzenberg, un îlot contre-culturel dans la capitale

« Pauvre, mais sexy. » La phrase du maire de Berlin, Klaus Woreweit, à propos de la ville qui l'a élu en 2001, 2006 et 2011, a fait le tour du pays. Éternelle endettée, durement affectée par le chômage, la capitale d'Allemagne a très lourdement payé le prix de la réunification. Mais aujourd'hui, 20 ans après la révolution pacifique, l'ambiance a changé : la vague protestataire des années 1980-1990 cède la place à une culture « branchée », plus hédoniste que militante.

La Babylone des temps modernes

Phare culturel et artistique à l'avant-garde du 7e art *(p. 47)*, Berlin de l'entre-deux-guerres, forte de ses 4,3 millions d'âmes (plus qu'à l'heure actuelle !), était également l'**un des plus grands centres industriels d'Europe**. Mais la ville dansait bel et bien sur un volcan. La république, proclamée le 11 août 1919, était née dans le sang des communistes Rosa Luxemburg (membre actif du Parti social-démocrate, SPD, devenue l'une des icônes des mouvements de gauche) et Karl Liebknecht, assassinés par la milice antirévolutionnaire. Dix ans plus tard, la crise de 1929 précipita la métropole au bord du gouffre.

Cependant, cette « Babylone des temps modernes » aux innombrables cafés d'artistes et lieux de tolérance a longtemps résisté aux sirènes nationales-socialistes. Installé à Munich, Hitler jugeait la capitale **incontrôlable** et **dépravée**. Jusqu'en février 1933 – date de l'incendie du Reichstag –, le Führer s'est heurté à Berlin à l'**opposition constante** du Parti social-démocrate (SPD), la plus ancienne formation politique du pays. On connaît la suite : livrée aux dévastations des hordes SA et SS (autodafé du 10 mai 1933 et Nuit de cristal du 9 novembre 1938), la capitale bascula dans le cauchemar du IIIe Reich.

Dissidents…

En juin 1953, le **soulèvement des ouvriers du bâtiment** dans la toute jeune RDA donna lieu à une terrible répression *(encadré p. 91)*. À compter de cette date, la redoutable Stasi, « bouclier et épée du parti », créée en 1950, a durablement maté les velléités séditieuses des Allemands de l'Est. Une **chape de plomb** encore renforcée par l'édification du Mur en 1961.

La « bande de la mort », gardée par les sinistres *Vopos* (« policiers »), n'a pourtant pas empêché des **tentatives d'évasion** – parfois spectaculaires – des Berlinois de l'Est *(p. 76)*. Tel ce tunnel creusé au cours de l'été 1962 par un fugitif « passé » à l'Ouest qui souhaitait faire venir sa famille restée à l'Est. L'évasion fut un succès, mais le passeur du groupe abattit un garde-frontière de 20 ans qui tentait de s'interposer.

Malgré la police, la censure et les dénonciations, les *Ossis (p. 193)* se sont aménagés des petites enclaves de liberté, notamment dans **Prenzlauer Berg** *(p. 74)*, qui abritait cafés d'artistes, bars gay et autres lieux dissidents plus ou moins tolérés par la Stasi.

La chute du Mur, au Mauer Museum

… et têtes brûlées

De l'autre côté du Mur, l'ambiance était tout autre : l'abolition du service militaire à Berlin-Ouest attirait un joyeux mélange de **pacifistes**, d'**artistes** en devenir et d'**écolos** de la première heure, alors même que les travailleurs étrangers – Turcs, Grecs et Yougoslaves – arrivaient en masse pour compenser la perte de la main-d'œuvre est-allemande. En deux mots : on trouvait à l'Ouest le terreau idéal de la contre-culture, émaillée de **cafés associatifs**, **théâtres off**, **crèches parentales** et **foyers pour**

femmes battues. Une sensibilité citoyenne – encore palpable à l'heure actuelle – qui s'est transformée en véritable vague de protestation à l'automne 1980. Cette année-là, des groupes de **squatters** – majoritairement composés de jeunes gens au chômage – se sont emparés de 170 immeubles livrés à la spéculation. Un « coup de force » qui culmine un an plus tard lorsque de violents **combats de rue** opposent les forces de l'ordre et lesdits squatters… soutenus par l'opinion publique ! Contraint de s'incliner, le conseil municipal conclut des contrats de légalisation avec un tiers des « fauteurs de troubles », et débloque 10 millions de marks à l'intention des entreprises autogérées. En quelques années, les **projets issus de la contre-culture** poussent comme des champignons : de la boulangerie bio aux jardins « sauvages », en passant par l'art punk. Le succès est si grand que les élections municipales de 1989 propulsent les alternatifs au pouvoir (en alliance avec le Parti social-démocrate). Avant le tournant des années 1980, on disait fréquemment que trois Allemagnes coexistaient : la RFA, la RDA… et Berlin. La ville coupée en deux était une sorte de petite île irriguée par les subventions gouvernementales. Le 11 novembre 1989, l'Est a rejoint l'Ouest aux cris de : *Demokratie jetzt oder nie !* (« La démocratie maintenant ou jamais ! »)… et « l'île » est devenue capitale.

Poches de résistance

Sans surprise, la réunification donne un coup de fouet au **mouvement des squatters**. Au tout début des années 1990, des communautés entières expérimentent les joies de la collectivité dans les immeubles délabrés de l'ex-RDA. Près de **200 espaces libertaires** qui ont fondu comme neige au soleil en deux décennies.

Aujourd'hui, moins de dix **îlots contre-culturels** surnagent cahin-caha. Citons, entre autres, la **Maison des artistes de Béthanie** à Kreuzberg *(p. 86)*, ainsi que la **Maison Schwarzenberg** *(p. 74)* et la **Brauerei Pfefferberg** du quartier de Prenzlauer Berg *(p. 74)*.

En 2004, l'immeuble squatté au n° 50 de la Yorckstraße (Kreuzberg) a provoqué une véritable confrontation avec les autorités locales. Au terme de multiples manifestations, pétitions et négociations, la « communauté » s'est fait expulser manu militari en 2005… avant de se réfugier in extremis dans la Maison des artistes de Béthanie. Un jeu du chat et de la souris typiquement berlinois.

New York-sur-Spree

En ce début de XXIe siècle, Berlin, branchée mais non élitiste, est devenue l'une des destinations les plus « tendance » du moment, comparable au Swinging London des années 1960 ou au New York des années 1980. Les Américains exilés volontaires du « bushisme » en ont fait à l'époque leur lieu de villégiature favori, et les jeunes Européens, musiciens, designers ou plasticiens, profitent de la **modicité des loyers** (env. 50 % de moins qu'à Paris) pour développer des projets personnels… médiocrement lucratifs. Une « ***movida* du Nord** » qui conquiert les Français : ils sont désormais plus de 30 000 à fréquenter les rives de la Spree. L'époque des grands chantiers a beau être presque achevée, Berlin demeure une ville extraordinairement ouverte.

Depuis la réunification, tout bouge tout le temps. Un club incontournable en été est boudé en automne ; un entrepôt décati devient showroom en un claquement de doigts ; les galeries d'art naissent et meurent en quelques semaines, et les prix à la location ont augmenté de 15 % ces cinq dernières années.

Les centres d'attraction ne cessent de se déplacer : hier **Prenzlauer Berg**, **Friedrichshain** et **Kreuzberg**, aujourd'hui **Neukölln,** demain **Wedding** ? Comme l'affirme le poète Durs Grünbein, Berlin est « un vide qui a la qualité de toujours se remplir à nouveau, peu importe de quoi, pour peu que ce soit amusant ».

➤ Les Juifs de Berlin

Douze mille fidèles – peut-être deux fois plus si l'on y ajoute les non-inscrits –, dix synagogues, des écoles, des magasins kasher et même un hôpital : la communauté juive de Berlin, la plus importante de toute l'Allemagne, connaît un essor sans précédent depuis quelques années et ne cesse de croître avec l'arrivée de nombreux Israéliens. À l'arrivée d'Hitler, en 1933, la capitale allemande comptait 160 000 Juifs. À l'issue de la guerre, ils n'étaient plus que 7 000. Chronique d'une renaissance.

Les tourments de l'histoire

En 1812, Frédéric-Guillaume III est l'un des tout premiers rois européens à accorder l'égalité civique aux Juifs. Dans les années 1880, le quartier du **Scheunen-**

viertel *(situé à l'E de Berlin, p. 71)* accueille des dizaines de milliers de réfugiés de l'Est fuyant les pogroms de la Russie tsariste. Isolé, cantonné dans des rues insalubres, le ***shtetl*** (« petite ville » en yiddish) franchit le siècle replié sur lui-même. Mais le pire est encore à venir…

Le 9 novembre 1938, l'assassinat d'un diplomate allemand par un Juif polonais provoque un déchaînement de violences : synagogues brûlées, vitrines saccagées et 30 000 juifs envoyés en déportation. L'épouvantable **Nuit de cristal** – en référence aux bris de verre –, ordonnée par Hitler, orchestrée par Goebbels et commise par les SA, les SS et la Jeunesse hitlérienne, inaugure les persécutions contre les Juifs du IIIe Reich…

Le mémorial de l'Holocauste

Quatre ans plus tard, le 20 janvier 1942, l'**extermination totale des Juifs** est planifiée dans une villa de Wannsee *(p. 135)*. Lourdement touché par les bombardements, le quartier de Scheunenviertel sombre alors dans la léthargie. C'est seulement à partir de la fin des années 1980 que les autorités de la RDA entreprennent la reconstruction de la **Nouvelle Synagogue** surmontée de sa coupole étincelante *(p. 72)*.

Aujourd'hui, des centaines de pavés dorés, gravés aux noms de déportés, sont incrustés dans les trottoirs des environs de **Hackescher Markt** *(p. 71)*, à l'endroit même où habitaient les victimes.

Le 18 mars 1990, avant de s'éteindre définitivement, le parlement de la RDA reconnaît pour la première fois de son histoire la responsabilité de l'Allemagne toute entière, donc la RFA comprise, dans le génocide des Juifs et exprime son désir d'une indemnisation des dommages subis.

L'accueil des Juifs russes

Exsangue, dans l'impossibilité de payer des réparations, le régime communiste allemand décide, le 11 juillet 1990, d'ouvrir ses frontières aux Juifs de l'Union soviétique. Cette politique est ensuite entérinée par l'Allemagne réunifiée.
À la fin de l'été 1990, 27 camps d'accueil étaient ouverts pour les nouveaux arrivants. De janvier 1991 à aujourd'hui, plus de **220 000 émigrés** tout droit arrivés de l'Est se dirigent vers l'Allemagne, principalement à Berlin, la capitale historique du ***shtetl*** d'Occident.
En 2004, l'Allemagne tout entière attire davantage de migrants juifs russes qu'Israël. À ces Russes, originaires de Moscou, Odessa ou Tachkent, les autorités allemandes offrent un **permis de séjour et de travail**, un **logement**, une **aide sociale**, des **cours d'allemand** et… une **initiation religieuse** en bonne et due forme !
L'influence de ces nouveaux arrivants est palpable dans la communauté juive de Berlin. Ici, à la porte d'une institution juive, un panneau écrit en lettre cyrillique ; là, un nouveau club d'échecs ; ailleurs, une association d'Anciens combattants juifs de l'Armée rouge : peu à peu, la capitale allemande prend des allures de petit Moscou.
Héritage soviétique oblige, ces Juifs nouveaux arrivants sont largement laïcisés. Malgré toutes les difficultés d'intégration qu'ils ont pu rencontrer, et les dissensions entre « Allemands » et « Russes » qui ont pu naître, cette nouvelle dynamique communautaire marque le triomphe de la vie sur les spectres du passé.
Ultime revirement : depuis le début des années 2010, l'ancien ***shtetl de Scheunenviertel*** se donne des allures franchement juives new-yorkaises, et les jeunes Israéliens arrivent nombreux pour s'installer *(encadré ci-contre)*.

TEL AVIV-BERLIN

Les jeunes Israéliens sont nombreux à venir passer leurs vacances dans la capitale allemande. En 2009, on estime que 40 000 Israéliens seraient venus faire la fête dans les discothèques berlinoises et que 15 à 20 000 y vivraient à l'année (en 2013). Cette « alia » à rebours montre combien, dans l'esprit de certains, la nuit berlinoise a éclipsé l'Histoire !

➤ Vivre nu

Le mouvement naturiste voit le jour dans l'Allemagne de Guillaume II, marquée par l'essor industriel et l'explosion urbaine. Au tournant du xxe s., le nudisme hygiéniste et sportif, dénué de tout libertinage, entend renouer avec la pureté originelle…

Un idéal de société

Au bord de la Baltique, le Freilichtpark (« parc de la Lumière libre ») – premier camp naturiste de l'histoire allemande – propose un espace de liberté aux familles. Dans les années 1920 est fondée à Berlin une « école du nudisme » dont le programme inclut gymnastique et éducation sexuelle. La Frei-Körper-Kultur (« culture du corps libre ») s'exporte en France, puis aux États-Unis.

Cachez ce sein…

Outre-Rhin, le naturisme est bientôt entaché par l'idéologie du IIIe Reich. En 1933, Goering, alors ministre de l'Intérieur, prohibe la nudité en public. Les naturistes allemands sont chassés et leurs terres confisquées.
C'est alors qu'est publié *Mensch und Sonne* (« L'Homme et le Soleil »), signé par l'idéologue Hans Suren (1885-1972). Prônant le concept de « naturisme national », magnifiant le corps aryen dans une optique eugénique et raciale, l'ouvrage se coule parfaitement dans la pensée hitlérienne. Récupéré par le nazisme, le nudisme est de nouveau légalisé en 1942.

En toute innocence

Après la guerre, le naturisme devient une pratique informelle – souvent spontanée et non encadrée –, vouée aux loisirs et à la détente. Désormais, dès les premiers rayons de soleil, des émules d'Adam et Ève font leur apparition au bord des lacs… ou au beau milieu des parcs !

Gastronomie

➤ Berlin gourmand

Petit creux ou grosse fringale ? Pas d'inquiétude : Berlin dispose de milliers d'adresses pour vous sustenter. De l'humble snack de rue au restaurant ultra-huppé, la capitale allemande n'est peut-être pas le berceau de la « haute cuisine », mais elle sait habilement jouer de ses influences étrangères. Bonne nouvelle : ici, la « douloureuse » est sensiblement plus légère qu'ailleurs.

Bouquet d'étoiles

On ne l'imagine guère, mais l'Allemagne arrive au deuxième rang européen après la France en nombre d'étoiles Michelin. S'en étonnera-t-on ?
Dans la plus turbulente des villes d'outre-Rhin, le goût de l'insolite s'exprime aussi dans les assiettes. Pourtant, ce bouquet d'étoiles n'éclipse pas le goût des Berlinois pour la cuisine informelle, ludique et roborative.

Cuisine des rues… et des champs

Admirable rencontre entre le petit déjeuner germanique et le brunch américain, le ***Frühstück*** *(encadré p. 204)* est l'une des clefs de voûte de la convivialité berlinoise. Servi dans les cafés et bistrots jusqu'à 16 ou 17 h, voire toute la nuit (dans les quartiers étudiants), ce repas plantureux se décline presque à l'infini : façon helvétique (muesli), italienne (jambon de Parme), australienne (crevettes), ou bien athlétique (hyperprotéiné), bucolique (aux fruits), ou encore chic (accompagné d'une flûte de *Sekt, p. 205*).
Aux premiers rayons de soleil, le Tout-Berlin migre vers les parcs, les lacs ou les forêts, métamorphosés en vastes aires de **pique-nique**. Bien sûr, le menu des

parties de campagne n'a rien d'immuable (c'est là tout son charme !). Mais la célébrissime ***Wurst*** (saucisse), accompagnée du non moins fameux ***Schrippe*** (petit pain), est un incontournable… surtout autour d'un barbecue.

Dans la famille *Wurst*, je voudrais…

Weißwurst (sorte de boudin blanc au persil), ***Bratwurst*** (saucisse au porc et au veau), ***Leberwurst*** (saucisse au foie)… Ces joyaux de la gastronomie populaire possèdent leur cathédrale, le **grand magasin KaDeWe** – qui en propose 2 000 variétés *(p. 112)* –, et leurs chapelles, les ***imbiß*** ou étals de quartier.
C'est dans ces petites baraques à frites que se concocte la star des *Würste* : la ***Currywurst*** assaisonnée entre autres au coulis de tomate, au poivre de Cayenne et à la poudre de curry. Inventée dans un *imbiß* du quartier de Charlottenburg en septembre 1949 – au lendemain de la fondation de la RFA –, cette saucisse éclectique connaît un succès immédiat auprès des militaires américains. Soixante ans plus tard, la compétition règne dans le monde de la *Currywurst,* et chaque quartier s'enorgueillit de proposer la meilleure. Pour vous faire une opinion, n'hésitez pas à juger sur pièce durant vos balades ! Ceux que la cochonnaille indispose peuvent toujours opter pour une autre *success-story* berlinoise : le ***Döner Kebab*** ou *Kebap (encadré ci-dessous)*, dont le dernier avatar, le **döner écolo** *(öko-Döner),* fait la joie des végétariens.

L'ALLEMAGNE : LE PAYS NATAL DU *DÖNER*

Saviez-vous que le célèbre sandwich turc est né en 1971 dans le quartier de Kreuzberg ? C'est ici, sur les chantiers où ouvriers allemands et turcs fraternisaient devant les baraques à frites, que le jeune Mehmet Aygün, adolescent tout droit débarqué de la mer Noire, eut l'idée de servir la fameuse assiette de viande grillée-crudités dans un pain rond : « De quoi rassasier les Allemands pressés, explique Saim Aygün [le frère de l'inventeur], et combler les Turcs qui ne mangent pas de saucisses au porc. » Un métissage culinaire au succès foudroyant : « À l'époque, poursuit-il, on était à quelques centaines de mètres du Mur… et des milliers de touristes venaient regarder la frontière en savourant un *Döner* ! »
L'invention a si bien profité à la famille Aygün qu'elle possède aujourd'hui sept restaurants de très bonne tenue, dont le savoureux **Hasir** situé dans le quartier de Kreuzberg *(p. 165)*.

Saveurs de *Kneipen*

C'est dans l'intimité des ***Kneipen*** (bistrots de quartier) que se cultive l'**atmosphère *gemütlich*** («douillette»), mi-rustique mi-citadine, évocatrice du vieux Berlin. Autour d'une bière, on y déguste des petits plats : œufs durs marinés aux herbes *(Soleier)*, salade de pommes de terre *(Kartoffelsalat)*, harengs au vinaigre *(Rollmops)* ou à la crème *(Matjeshering)*, escortés de gros cornichons *(sauere Gurken)* et de l'inévitable saindoux *(Schweineschmalz)*… Au printemps, les Berlinois sacrifient aux rituels de l'asperge… de préférence blanche et dodue.

FRÜHSTÜCK

Impossible d'établir la liste des meilleurs **brunchs** de la capitale (qui, rappelons-le, s'étendent jusqu'à 16 h, voire 17 h) sans déclencher des tollés de protestations !

À Berlin, chaque quartier s'enorgueillit du meilleur *frühstück*. Évitons d'offenser l'orgueil local en élisant des ambiances : les alentours de Savignyplatz pour un joli coin fleuri *(p. 108)*, les environs de la Winterfeldtplatz pour la rumeur du marché *(mer. et sam.,* *p. 113)* et les abords du Treptower Park pour la fraîcheur de l'eau *(p. 98)*.

L'anti-nouvelle cuisine

Las du bio, de l'édulcoré ou de l'exotique ? Tournez-vous vers les **enseignes traditionnelles**, qui ne sont pas les plus courantes dans la capitale allemande…

Elles vous proposent tout ce qu'il vous faut : du **jarret de porc** accompagné de purée de pois et de choucroute *(Eisbein mit Erbspüree und Sauerkraut)*, des **côtes de porc fumées aux oignons** *(Kasseler Rippenspeer)* ou de délicieux **abats d'oie** *(Gänseklein grün)*. Les puristes jetteront leur dévolu sur l'**assiette du boucher** *(Berliner Schlachtplatte)* composée de boudins, de saucisses de foie frais et de pieds de porc. Sans oublier l'indétrônable ***boulette***, croquette de viande et de mie de pain héritée des huguenots. Au bord de l'eau, les restaurants vous régaleront d'une **anguille aux herbes** *(Aal grün)*, d'un **brochet rôti** servi avec une salade au lard *(Brathecht mit Specksalat)* ou d'une **tanche à l'aneth** *(Schleie in Dillsoße)*.

Douceurs

Une tradition berlinoise veut qu'un bon repas doit absolument s'achever sur le délicieux gâteau au fromage blanc *(Käsekuchen)* accompagné de son nappage

de compote de fruits rouges *(Rote Grütze)* et sa crème à la vanille *(Vanillequark)*. Vous n'êtes pas très « dessert » ? Réservez-vous pour le goûter ! Le rituel ***Kaffee und Kuchen*** met à l'honneur l'***Apfelstrudel*** autrichien aux pommes et raisins secs, le **roulé au chocolat** *(Baumkuchen)* ou les **petits sablés** *(Spritzkuchen)*.
Quant au beignet à la confiture connu dans toute l'Allemagne sous le nom de *Berliner*, il est passé à la postérité grâce à la célèbre phrase de John F. Kennedy : « *Ich bin ein Berliner* » *(encadré p. 113)*. Sauf que, par esprit de contradiction (ou par peur du cannibalisme ?), à Berlin, le *Berliner* s'appelle ***Pfannkuchen***.

Du champagne du Nord…

À tout seigneur, tout honneur : la **bière**, boisson d'élection des Berlinois, est consommée aussi bien par les hommes que par les femmes, de préférence dans l'un des multiples ***biergarten*** qui émaillent la ville.
Un même souci de parité divise le marché entre les marques Schultheiss et Kindl. Mais la spécialité locale reste la ***Berliner Weiße***, bière blanche au froment, qui nous vient aussi des huguenots. Le « champagne du Nord », comme on l'appelle parfois, est souvent servi ***rot*** (avec du sirop de framboise) ou ***grün*** (avec un trait d'aspérule). Une adjonction agréable – surtout pour les profanes de la petite mousse ! – qui vous classera immédiatement parmi les touristes… À savoir : contrairement à la France, si vous demandez une bière, on vous servira une pinte (50 cl). Si vous préférez un demi (25 cl), demandez au serveur « *ein kleines Bier bitte* ».

… au jus de pomme

En matière de (faux) champagne, le ***Sekt*** (mousseux) tient admirablement son rang, surtout en plein été. Quant à l'***Apfelschorle*** (jus de pomme et eau pétillante), ou encore la limonade très tendance ***Bionade***® (peu sucrée et 100 % bio), ils raviront les amateurs de sodas.
Attention : à Berlin, comme partout en Allemagne, l'**eau de table** est presque toujours gazeuse. Histoire de faire oublier le jarret de porc, sans doute !

Carnet pratique

Avant de partir et sur place, tout pour réussir votre séjour

Les rubriques Avant de partir et Sur place réunissent toutes les informations nécessaires pour organiser votre voyage et réussir votre séjour. Le classement des catégories par ordre alphabétique permet une navigation rapide.

LA MEILLEURE SAISON

L'été (juin-août) est la saison idéale pour visiter la ville et profiter des bars de plage en bord de Spree. Le printemps et l'automne sont également agréables : il fait plutôt bon et le ciel est souvent dégagé.

FORMALITÉS

L'Allemagne appartient à l'espace Schengen. Carte d'identité ou passeport en cours de validité.

DURÉE DE VOL

Env. 1 h 40 sans escale depuis Paris.

DÉCALAGE HORAIRE

Il n'y a pas de décalage horaire entre Berlin et la France, hiver comme été.

DEVISE

L'euro.

BUDGET

Le coût de la vie est légèrement inférieur à celui d'une grande ville française, surtout en ce qui concerne la restauration.
Sur place, prévoyez un budget d'environ 100 €/jour/pers. pour un petit hôtel central, repas sur le pouce le midi, restaurant à prix moyen le soir, quelques visites et soirée en club.

Avant de partir

➤ Adresses utiles

• Ambassades et consulats

En France : *Ambassade : 13/15 av Franklin-D-Roosevelt, 75008 Paris. Consulat : 28, rue Marbeau, 75116 Paris ☎ 01.53.83.45.00, www.paris.diplo.de.* **En Suisse :** *Willadingweg 78, 3006 Bern ☎ (0) 31 359.43.43, www.bern.diplo.de.* **En Belgique :** *Rue Jacques-de-Lalaing 8-14, 1040 Bruxelles ☎ (02) 787.18.00, www.bruessel.diplo.de.* **Au Canada :** *1, Waverley St., Ottawa, Ontario K2P-OT8 ☎ (1) 613 232.11.01, www.canada.diplo.de.*

• Informations touristiques

En France : *☎ 01.40.20.01.88.* **En Belgique :** *☎ (02) 245.97.00 ou (02) 240.45.85.* **En Suisse :** *☎ (044) 2.13.22.02.* **Au Canada :** *☎ (416) 935.18.96.*

➤ Argent

• Devise

L'Euro est la monnaie en vigueur.

• Cartes bancaires

L'Allemagne étant un pays de la zone Euro, vous pouvez y effectuer vos retraits et paiements par carte (Visa, MasterCard, etc.) comme vous le feriez en France. Tous vos paiements par carte sont gratuits et vos retraits sont soumis aux mêmes conditions tarifaires qu'en France (ils sont donc gratuits pour la plupart des cartes bancaires).
Mais attention, celles-ci ne sont pas acceptées partout, notamment dans les restaurants et bars. Pour retirer de l'argent, privilégiez les distributeurs des **grandes banques**, plus sûrs que les « ATM » dans les épiceries et commerces. Avant de partir, assurez-vous que vos **plafonds de retrait** et de paiement à l'étranger sont activés et demandez les montants hebdomadaires autorisés.

Perte ou vol de votre carte

Avant de partir, notez les 16 chiffres de votre carte bancaire qui vous seront

VISA PREMIER

À de nombreuses occasions, elle facilitera votre voyage et vous permettra de faire des économies. Par exemple, payer vos billets avec une carte Visa Premier vous permet de bénéficier d'une garantie modification/annulation de voyage. De même, pour votre location de voiture, inutile de prendre l'assurance vol et dommages proposée par le loueur. Conditions & services proposés disponibles dans les notices assurances-assistance accessibles sur www.visa.fr.

demandés en cas d'opposition.
Visa ☎ *0.800.811.8440 depuis l'Allemagne, www.visa.fr.* **Mastercard** ☎ *0.800.90.13.87 (anglais) ou* ☎ *0.800.819.1040 depuis l'Allemagne (français), www.mastercard.com/fr.*
American Express ☎ *01.47.77.72.00, www.americanexpress.com.* **Numéro en Allemagne** toutes cartes ☎ *116.116 (gratuit ; 24 h/24 ; en anglais).*

➤ Formalités

• Assurance

Avant d'en souscrire une, vérifiez qu'elle ne figure pas parmi les garanties offertes par vos contrats (habitation, automobile, carte bleue).
Europ Assistance ☎ *01.41.85.93.65, www.europ-assistance.fr.*

• Passeport

Les ressortissants français, belges et suisses doivent être munis d'un passeport ou d'une carte d'identité valides.

• Santé

Emportez la Carte européenne d'assurance maladie (CEAM) délivrée par la Caisse primaire d'assurance maladie (délai 15 j.). **Centre des liaisons européennes et internationales de la Sécurité sociale** ☎ *01.45.26.33.41, www.cleiss.fr.* Sur place, pour obtenir la gratuité des soins, présentez-la à l'antenne locale de l'AOK qui vous fournira des feuilles de soin *(Krankenschein)* destinées au médecin.

LE COIN DES INTERNAUTES

Site généraliste (français) : **www.germany.travel/fr.** Promotion officielle de l'Allemagne à l'étranger.
Informations touristiques (français): **www.visitberlin.de :** site de l'office de tourisme.
www.berlin-en-ligne.com : toutes les infos touristiques utiles.

➤ Quand partir ?

Climat continental oblige, en hiver les températures sont rudes (moy. de 0 °C, jusqu'à –15 °C) et il neige souvent. L'été est idéal pour les bars de plages et les excursions vers les lacs (moy. de 17-18 °C). Quant au printemps et à l'automne (moy. de 8-9 °C), ils enchantent la ville.

➤ Voyage individuel

• En avion

Plusieurs compagnies aériennes proposent des vols directs depuis la France *(Air France, Lufthansa, Easyjet, Germanwings, Air Berlin)*, la Belgique *(Brussels Airlines, Lufthansa, Easyjet)* et la Suisse *(Swiss, Easyjet)*.

Air France ☎ *36.54 (0,34 €/min), www.airfrance.fr.*
Lufthansa ☎ *0892.23.16.90 (0,34 €/min), www.lufthansa.com.*

Swiss ☎ *0892.23.25.01 (0,34 €/min), www.swiss.com.*
Air Berlin ☎ *0826.967.378 (0,15 €/min), www.airberlin.com.*
Easyjet ☎ *0820.420.315 (0,12 €/min), www.easyjet.com.*
Brussel Airlines ☎ *0892.64.00.30 (0,34 €/min), www.brusselsairlines.com.*
Germanwings ☎ *0892.39.01.58 (0,34 €/min), www.germanwings.com.*

• En train

De France

SNCF ☎ *36.35 (0,34 €/min), www.voyages-sncf.com.* Départs quotidiens avec correspondance(s) de Paris-gare du Nord et de Paris-gare de l'Est *(env. 8 h 30)* et départs de nuit *(10-12 h)* avec la compagnie ICE. Le billet coûte souvent aussi cher qu'un billet d'avion, mais sera moins cher si vous réservez à l'avance.

Voyages-sncf.com, distributeur de voyages en ligne de la SNCF, vous propose ses meilleurs prix d'avion, hôtel, séjours et location de voitures dans le monde entier. Accédez aussi à ses services exclusifs : billets à domicile, offres de dernière minute, promotions…

Infos et résas depuis la France sur www.voyages-sncf.com et sur tablettes & mobiles avec l'appli V. Hôtel (toute l'offre hôtels). Réservez un vol, un hôtel, une voiture : ☎ *0.899.500.500 (Appel au prix de 1,35 €/appel et 0,34 €/min). Une question sur votre commande ? Rubrique Contact ou* ☎ *09.70.60.99.60 (numéro non surtaxé).*

SKYSCANNER

Skyscanner vous aide à trouver un billet d'avion pas cher en comparant les prix. Pour faire une bonne affaire nous vous recommandons d'être flexible sur la date de votre départ (mois, jour de la semaine), la compagnie aérienne utilisée et le nombre d'escales.
➤ *www.skyscanner.fr*

De Belgique

SNCB ☎ *070.79.79.79 (0,30 €/min), www.b-europe.com.* Plusieurs trains chaque jour au départ de Bruxelles.

De Suisse

CFF ☎ *0900.300.300, www.cff.ch.*
Depuis Zurich : *trajets t.l.j. (env. 8 h 30) ; 1 train de nuit direct t.l.j. (env. 11 h 30).*

• En autocar

De France

Eurolines ☎ *0.892.89.90.91 (0,34 €/min), www.eurolines.fr. Liaison Paris-Berlin t.l.j. Gare de Paris-Gallieni, 28, av. du Général-de-Gaulle, 93541 Bagnolet, M° Gallieni. Départ à 19 h 30, arrivée à 9 h 15. Rés. 6 j. avant le départ.*

De Belgique

Eurolines, *www.eurolines.be.* Bus de nuit Bruxelles-Berlin.

Sur place

➤ Arrivée

Berlin dispose de **deux aéroports internationaux** *(☎ [4] 180.5000.186, www.berlin-airport.de)* : **Tegel** (TXL) au N-O et **Schönefeld** (SXF) au S-E, à la frontière du Brandebourg.

À partir de Tegel, optez pour les bus TXL, X9 ou 109 pour rejoindre le centre-ville *(20-30 min, 2,70 € l'aller)*. Depuis Schönefeld, prenez le train régional RB 14 ou RE 7 *(Airport Express, 20-30 min)* ou bien le S9 ou S45 pour le centre-ville *(30-40 min, 3,30 € l'aller)*.

La future ouverture du **Berlin Brandenburg International** (BER) en cours de construction, connecté au centre-ville en 30 min par trois trains express, deux lignes de S-Bahn (S9 et S45) et plusieurs lignes de bus, entraînera la fermeture des deux aéroports précédents.

• En train

Depuis 2006, les trains s'arrêtent à la **Hauptbahnhof**, *(**Plan détachable / D2** – Europaplatz 1, U55 et S5, S7, S9, S75 Hauptbahnhof ☎ (0800.150.70.90), www.hbf-berlin.de ; p. 58. Horaires et trafic ☎ (0180).05.99.66.33. T.l.j. 24 h/24.*

• En autocar

La gare routière principale est la **Zentraler Omnibusbahnhof Berlin** *(**Plan détachable / A3** – Masurenallee 4-6, Charlottenburg, U2 Kaiserdamm, S46 Westend. Horaires et trafic ☎ 301.03.80. T.l.j. 6 h-21 h, 20 h sam.-dim.).*

• Lire une adresse

Conséquence de la réunification : le **code postal** varie selon les arrondissements… et même selon les quartiers. Quand plusieurs rues portent le même nom, reportez-vous au code postal mentionné sur un plan ou dans l'annuaire.

• Se repérer

Le principe de numérotation des rues est dit « en fer à cheval ». À l'inverse de la France où les numéros pairs sont d'un côté de la rue et les impairs de l'autre, à Berlin le numéro 1 est suivi du numéro 2, puis du 3, du 4, etc. sur le même côté. Au bout de la rue, on change de trottoir et ça repart dans l'autre sens.

Un conseil : achetez un plan récent ! Le **Falk** est exhaustif mais son pliage est un casse-tête ! Le **Berlin Atlas** est très lourd, mais il est parfait pour ceux qui ont un sens de l'orientation déficient.

➤ Budget

Hébergement : Il est rare de trouver une chambre à moins de

80 € dans un hôtel. Ne boudez pas les auberges de jeunesse *(hostel)*, certaines proposent des chambres doubles privées à prix compétitif. Autre solution, la location chez l'habitant, via Airbnb par exemple *(www.airbnb.fr)*.

Repas : Pour un repas sur le pouce, comptez entre 8 et 16 € ; dans un restaurant plus raffiné, entre 13 et 20 €. Bon plan : profitez des brunchs opulents jusqu'à 16 h *(encadré p. 204)* !

Transports : Les U-Bahn et S-Bahn (métro et RER) offrent de nombreuses formules dont le ticket simple (*Einzelfahrschein*, à partir de 2,70 €), le ticket 24 h (*Tageskarte*, à partir de 6,90 €) et le ticket sept jours (*7-Tage-Karte*, à partir de 29,50 €).

➤ Courrier

Les **timbres** s'achètent à la poste ou dans les distributeurs placés à proximité. Comptez 2 à 4 jours **d'acheminement** entre l'Allemagne et les autres pays européens.

➤ Fêtes

Tout au long de l'année, la ville multiplie les foires, expositions et festivals *(voir aussi p. 189)*.

• Jours fériés

Le **1er janvier**, le **1er mai** et les **fêtes chrétiennes** traditionnelles (sauf Assomption et Toussaint).

• Fêtes

3 octobre : fête de l'Unité allemande.
31 octobre : le land de Brandebourg (où se situe Potsdam) célèbre le jour de la Réforme.

➤ Hébergement

Berlin propose une gamme d'hébergements diversifiée (*plus de 62 000 lits*), à des tarifs comparables à ceux pratiqués dans les autres capitales européennes. **Il convient absolument de réserver à l'avance.**

• Hôtels et pensions

Les hôtels sont classés en **cinq catégories** : *Tourist*, *Standard*, *Konfort*, *First* et *Luxus*. En général, le prix de la chambre comprend le petit déjeuner. Les **pensions** situées autour du Kurfürstendamm constituent une agréable alternative… rétro.

L'office du tourisme *(p. 214)* vous fournira la liste des établissements et vous réservera une chambre moyennant une commission. Vous préférez vous débrouiller seul ? L'hôtel ne vous demandera pas d'arrhes mais prélèvera jusqu'à 80 % du tarif sur votre compte si la réservation n'est pas honorée.

• Auberges de jeunesse

À Berlin, elles constituent une bonne alternative : moins chères qu'un hôtel, vous pouvez souvent y réserver une chambre privée pour deux personnes.

Pour certaines auberges, munissez-vous de la carte de membre de la Fédération internationale des auberges de jeunesse.

Deutsches Jugendherbergswerk Berlin-Brandenburg, ***Plan détachable* / C3** – *Kluckstraße 3, 10963 Berlin* ☎ *264.95.20, www.djh-berlin-brandeburg.de.*

• Campings

Les campings que nous avons sélectionnés se trouvent dans la banlieue S-O de Berlin, à moins de 1 h du centre-ville en transport en commun.

Landesverband Deutscher Camping club, *Kladower Damm 207-213, S5 Heerstraße puis bus X34* ☎ *218.60.71, www.dccberlin.de.*

Kladow, *Krampnitzer Weg 111-117, S5 Heerstraße puis bus X34* ☎ *365.27.97, www.campingplatz-berlin.de.*

Gatow, *Kladower Damm 207-213, S5 Heerstraße puis bus X34* ☎ *365.43.40, www.campingplatz-berlin.de.*

➤ Horaires

Banques
Ouv. lun. et mer. 9 h-15 h 30, mar. et jeu. 9 h-18 h, ven. 9 h-12 h 30. Il est rare de trouver une banque ouverte le sam.

Magasins
En général, ouv. lun.-sam. 10 h-20 h. Les **centres commerciaux** poussent jusqu'à 21 h. Les **petites boutiques** ferment vers 16 h le sam. Durant la période de l'Avent (à partir de fin nov.), les commerces sont ouverts le dim.

Médecins
Consult. 10 h-12 h et 16 h-18 h sf mer., sam. et dim. (*pour les urgences, p. 218*).

Postes
Ouv. lun.-ven. 8 h-18 h, sam. 8 h-13 h. Plus tardif : Europaplatz 1 (***Plan détachable* / D2** – *gare Berlin Hauptbahnhof, ouv. t.l.j. 8 h-21 h)* ; Georgenstraße 12 (***Plan détachable* / D2** – *ouv. lun.-ven. 6 h-22 h, sam.-dim. 8 h-22 h).*

Restaurants

Privilège berlinois depuis l'après-guerre : la ***Sperrstunde***, l'heure obligatoire de fermeture, ne s'applique pas à la capitale. Nombreux sont les établissements qui restent ouverts jusqu'à 3 h du matin, voire plus.

Sites touristiques

Les **monuments** et les **musées** sont généralement ouv. mar.-ven. 10 h-18 h, sam. 10 h-17 h, f. dim.-lun. (mais nombreuses exceptions !). Les **églises** sont souvent fermées en dehors des offices (à l'exception de Sainte-Marie, *p. 67*, de Saint-Nicolas, *p. 68*, et de Sainte-Sophie).

➤ Informations touristiques

Berlin Infostore
***Plan détachable* / D2** – *Au r-d-c. de la gare Hauptbahnhof. Ouv. t.l.j. 8 h-22 h.*

Berlin Tourismus Marketing GmbH
☎ *25.00.25 (par tél. uniquement). Ouv. lun.-ven. 8h-19h, sam.-dim. 9h-18h.*

Porte de Brandebourg
***Plan détachable / D2** – Pariser Platz, aile S de la porte. Ouv. t.l.j. avr.-oct. : 9h30-19h ; nov.-mars : 9h30-18h.*

Sur Internet
www.visitberlin.de/fr (en français), www.berlin.de (service de rés. en ligne), www.berlin-en-ligne.com.

➤ Internet

Liste des points Internet : **www.wificafespots.com/wifi/city/DE-BE-Berlin**.

Un grand nombre d'hôtels, bars et restaurants proposent un accès wifi à leurs clients.

➤ Langue

Bien que le *Berlinisch* ait emprunté de nombreux mots français aux huguenots *(p. 60)*, si vous ne pratiquez pas la langue de Goethe, peaufinez votre anglais ! Le français est très peu répandu, sauf chez les professionnels du tourisme.

Quelques **règles de prononciation** :

Du côté des voyelles, retenez que **u** = *ou* ; **ä** = *é* ; **ö** = *eu* ; **ü** = *u* ; **au** = *ao* ; **eu** et **aü** = *oï*.

Du côté des consonnes, n'oubliez pas que **h** (au début d'un mot) = *h* très accentué ; **j** = *y* ; **sch** = *ch* ; **st** et **sp** (au début d'un mot) = *cht* et *chp* ; **ß** (le estset spécifiquement allemand) = *s* (il se prononce comme un double *s*) ; **s** (devant une voyelle) = *z* ; **s** (en fin de mot ou devant une consonne finale) = *s* ; **z** = *ts* ; **v** = *f* et **w** = *v*.

Voir aussi le lexique p. 219.

➤ Musées

Berlin abrite 180 musées et des collections parmi les plus prestigieuses du monde. Deux fois par an, la **Longue nuit des musées** *(p. 189)* permet d'effectuer des visites nocturnes. Sauf exception, les musées nationaux sont **payants.**

Pour les horaires, voir *p. 213*.

La **WelcomeCard** donne droit à des réductions (jusqu'à 50 %) dans des musées et sites touristiques et des déplacements illimités à Berlin et Potsdam *(www.visitberlin.de, 26,70 €/3 j.)*. Le **Berlin Museum Pass** vous ouvre les portes d'une soixantaine de musées pendant 3 jours consécutifs *(24 €/3 j.)*. Le choix entre ces deux cartes est discutable : si vous projetez de nombreux déplacements en zone ABC, préférez la WelcomeCard, si vous programmez surtout la visite de musées, optez pour le Berlin Museum Pass 3 j.

Le **Stiftung Preußische Schlösser und Gärten Berlin-Brandenburg** *(www.spsg.de)* propose un billet journalier premium donnant accès à de nombreux domaines, parcs et jardins *(19 €)*.

Gratuité quasi générale pour les moins de 16 ans.

➤ Politesse

Ne jouez pas des coudes dans les transports en commun ni du klaxon dans votre automobile. Piétons, rongez votre frein sur les passages cloutés quand le feu est vert pour les automobiles ; même les punks respectent la consigne… Évitez de faire la bise aux personnes qui viennent de vous être présentées. Enfin, les allusions au IIIe Reich sont parfaitement déplacées.

➤ Pourboire

On annonce au serveur la somme que l'on souhaite laisser (montant + pourboire de 10 % env.). Ceux qui sont fâchés avec les chiffres diront : *Es stimmt so* (« Gardez la monnaie »).

➤ Téléphone

Les cabines de la **Deutsche Telekom** (DT) fonctionnent avec une **carte téléphonique** *(5 ou 10 €)*, que l'on se procure dans les bureaux de poste, les **Telekom Shops** (agences de la Deutsche Telekom), les bureaux de tabac et les kiosques à journaux. Certaines acceptent la **carte de crédit**.

De France, Belgique, Suisse :
☎ *00 + 49 + 30 (indic. Berlin) ou 331 (indic. Potsdam) + n° du correspondant.*
Rens. internationaux ☎ *00.33.12.49.*

En Allemagne :
À **Berlin**, *le numéro sans l'indic. de Berlin ou Potsdam.* Pour appeler une **autre localité** ☎ *0 + indic. de la ville + n°.*

De Berlin vers la France :
☎ *00.33 + n° sans le 0.*
Appel en PCV ☎ *013.08.000 + 33.*

Rens. : ☎ *118.33 (all.),* ☎ *118.37 (angl.). Pour l'étranger* ☎ *118.34 ; www.t-info, www.gelbeseiten.de.*

➤ Transports

Huit fois plus vaste que Paris, Berlin est certes praticable à pied (nombre de nos visites en témoignent), mais offre des alternatives plus que salutaires après quelques heures de randonnées urbaines.

• U-Bahn et S-Bahn

Le métro (U-Bahn) et le RER (S-Bahn) permettent de traverser la ville de 4 h à 1 h depuis l'hypercentre (zone A) jusqu'à Potsdam (zone C). Les tickets (compostage obligatoire) sont disponibles dans les kiosques du BVG *(Berliner Verkehrsbetriebe)* et les distributeurs automatiques disposés sur les quais. Les enfants de moins de 6 ans circulent gratuitement, et les passagers de 6 à 14 ans bénéficient de réduction. Ne fraudez pas : les contrôleurs opèrent dans les rames habillés en civil !

BON PLAN TRANSPORTS

Le forfait **Berlin CityTourCard** ouvre l'accès à tous les transports et des réductions jusqu'à 50 % dans de nombreux lieux touristiques *(à partir de 17,40 € pour 48 h)*. La **WelcomeCard** *(zones ABC 19,50 € pour 2 jours, 26,70 € pour 3 jours et 34,50 € pour 5 jours)* permet à un adulte et à un enfant d'utiliser tout le réseau de transports à Berlin et Potsdam.

• Bus et trams

Les bus offrent une vue dégagée de la ville *(notamment le n°100)*. Les numéros des bus de nuit sont précédés de la lettre N *(nacht)*. Les trams ne circulent que dans l'ex-Berlin-Est. Se faufilant partout, ils offrent une perception plus fine des quartiers. Les tickets sont les mêmes que dans l'U-Bahn et le S-Bahn.

• Taxis

Moins chers qu'à Paris, ils sont reconnaissables à leur couleur ivoire clair. Réservations : **Quality Taxi** : ☎ *263.000;* **Funk Taxi** : ☎ *26.10.26. Forfait à 4 € valable pour les trajets de moins de 2 km (Kurzstrecke).* Pensez à l'annoncer au chauffeur dès le début.

• Vélos

Le vélo a tous les droits à Berlin. Loueurs de deux-roues à tous les coins de rue, pistes cyclables vastes comme des couloirs de bus… On prendra d'autant plus de plaisir à se mettre en selle que l'absence de reliefs nous mène partout sans le moindre effort. C'est parti en mode *no stress* !

Hommage doit être rendu à la politesse des automobilistes berlinois, très respectueux de leurs concitoyens à deux-roues. Même les U-Bahn et S-Bahn leur réservent bon accueil : les cyclistes peuvent monter à bord avec leur engin *(Einzelfahrschein Fahrrad)* en dehors des heures de pointe (à partir de 1,70 € en supplément). Une aubaine pour les balades en forêt qui débutent à la périphérie !

Call a bike, ***Plan détachable /* D2** *– Scheidemannstraße / Reichstag* ☎ *700.05.22.55.22. Tarif de base : 8 cts/ min, 15 €/max.* Si le voyant du cadenas est vert, le vélo est disponible à la location, s'il est rouge, il est réservé. Pour ouvrir le cadenas, appelez le numéro de téléphone inscrit en rouge sur le couvercle. Vous obtiendrez un code à 4 chiffres que vous devrez composer sur l'écran accessible sous le couvercle de protection. Voir le site *www.bahn.de/i/view/FRA/fr/services/overview/callabike.shtml.*

Location de vélos

Take a bike, ***Plan détachable / D2*** *– Neustädtische Kirchstraße 8, U6 et S1, S2, S25 Friedrichstraße* ☎ *20.65.47.30, www.takeabike.de. Ouv. t.l.j. fév.-nov. 9 h 30-19 h. À partir de 12,50 € (24 h).*

Berlin by bike-Fahrradstation, *☎ 28.38.48.48, www.fahrradstation.com. Ouv. mars-oct. : lun.-ven. 10 h-19 h 30, sam. 10 h-18 h, dim. 10 h-16 h ; nov.-fév. : lun.-ven. 10 h-19 h, sam. 10 h-16 h, dim. et j.f. sur rés.* Vélos de ville, de course, tandems, etc. Location à partir de 10 €, visites guidées de la ville à partir de 18 €. Réduction avec la WelcomeCard. Possibilité de livraison.
Plusieurs points de locations : ***Plan détachable / E2*** *– Leipziger Straße 56, U2 Spittelmarkt, ☎ 66.64.91.80 ;* ***Plan détachable / E2*** *– Auguststraße 29A, U8 Rosenthaler Platz ou U6 Oranienburger Tor ☎ 22.50. 80.70 ;* ***Plan détachable / D4*** *– Bergmannstraße 9, U7 Gneisenaustraße ☎ 215.15.66 ;* ***Plan détachable / D2*** *– Dorotheenstraße 30, U6 et S1, S2, S25 Friedrichstraße ☎ 28.38.48.48 ;* ***Plan détachable / E1*** *– Kollwitzstraße 77, U2 Senefelderplatz ☎ 93.95.81.30.*

Rentabike-Berlin, ***Plan détachable / D3*** *– Friedrichstraße 210, entrée par Kochstraße 14, U6 Kochstraße ☎ 24.03.78.65, www.rentabike-berlin.de. Ouv. t.l.j. 10 h-19 h. 4 €/1 h, 6 €/2 h, 12 €/24 h.*

Fahrradcenter Friedrichshain, ***Plan détachable / F3*** *– Warschauer Straße 65, U5 Frankfurter Tor ☎ 291.07.41, www.fc-friedrichshain.de. Ouv. lun.-ven. 10 h-20 h, sam. 10 h-16 h. 8 €/24 h.*

Fat Tire Bike Tours, ***Plan détachable / E2*** *– Panorama Straße 1A, U2, U5, U8 Alexanderplatz ;* ***Plan détachable / C3*** *– Hardenbergplatz, U2, U9 Zoologischer Garten ☎ 24.04.79.91 et S5, S7, S75, Zoologischer Garten, www.fattirebiketours.com. Ouv. mars-nov. t.l.j. 9 h 30-20 h. Tour guidé à partir de 26 €, location simple à partir de 14 €. Réduction avec la WelcomeCard.*

MRM, ***Plan détachable / C3*** *– Einemstraße 6, U3, U4, U12 Nollendorfplatz, ☎ 30.64.17.65, www.fahrrad-mrm.de. Ouv. lun.-sam. 8 h-22 h 30, dim. 10 h-22 h. À partir de 8 € (24 h).*

Bikefix, ***Plan détachable / E3*** *– Reichenberger Straße 6, U8, U12 Kottbusser Tor, ☎ 66.40.26.65, www.bikefix-berlin.de. Ouv. lun.-ven. 10 h-20 h, sam. 12 h-18 h. À partir de 10 € (24 h)*

• Vélos-taxis

Providentiels pour longer les 2,3 km de la Karl-Marx-Allee… Un seul signe de la main suffit si le look « touriste » ne vous fait pas peur ; d'avril à octobre, protégés des intempéries, ils sont présents dans tous les lieux touristiques ! *Rés. ☎ 17.88.00.00.41 (téléphone portable), www.velotaxi.de. 6 € le 1er km, 4 € les suivants, 22 €/30 min, 32 €/1h.*

➤ Urgences

Objets trouvés dans les transports : **BVG Fundbüro,** ***Plan détachable / C4*** *– Potsdamerstraße 182, U7 Kleistpark ☎ 25.62.30.40.*

Objets trouvés par la police : **Zentrales Fundbüro,** ***Plan***

***détachable / D4** – Platz der Luftbrücke 6, Tempelhof, U6 Platz der Luftbrücke ☎ 902.77.31.01.*

Police ☎ *110.*
Pompiers ☎ *112.*
SOS Dentiste ☎ *89.00.43.33.*
Urgences médicales ☎ *31.00.31.*

➤ Visites guidées

• À pied

Art-Berlin, ***Plan détachable / D3** – Potsdamer Straße 68 ☎ 28.09.63.90. Env. 10 €/h.* Pour les passionnés d'art contemporain.
Schöne Künste-Kultur-historische Stadtrundfahrten, ***Plan détachable / D4** – Großgörschenstraße 18, Schöneberg ☎ 782.12.02.* Deux siècles de spectacles à travers la visite des coulisses des théâtres.
Berliner Unterwelten, ***Plan détachable / Hors pl. par D1** – Brunnenstraße 105 (à l'intérieur de l'U-Bahn Gesundbrunnen) ☎ 49.91.05.17, www.berliner-unterwelten.de. À partir de 4 € (1 h 30).* La capitale à travers ses bunkers et ses souterrains, en français !

• À vélo

Balades avec **Berlin on Bike** *(**Plan détachable / E1** –Kulturbrauerei, Knaackstraße 97, U2 Eberswalder Straße ☎ 43.73.99.99, www.berlinonbike.de. Ouv. mars-oct. : t.l.j. 9 h-20 h ; nov.-fév. : lun.-sam. 10 h-16 h. Dès 19 €..*
Voir aussi p. 15.

• En bateau

Reederei Riedel *(**Plan détachable / E4** – Planufer 78, ☎ 693.46.46, www.reederei-riedel.de).* Croisière d'1 h 30 dans le centre-ville, excursion de 3 h 30 de ponts en ponts ou balade au clair de lune *(à partir de 12 €).*

Stern und Kreisschiffahrt *(voir p. 101).* Croisière vers les grands lacs.

• En bus

BBS Stadtrundfahrten ☎ *35.19.52.70. Départ : **Plan détachable / C3** – Rankestraße 35, à l'angle du Ku'damm.*
Berolina Sightseeing ☎ *88.56.80.30. Départ : **Plan détachable / B3** – à l'angle de la Meinekestraße et du Ku'damm (n° 220) .*
Bex Sightseeing ☎ *880.41.90. Départ : **Plan détachable / B3** – Ku'damm 216, à l'angle de la Fasanenstraße.*

• En voiture

Trabi Safari *(**Plan détachable / D3** – Zimmerstraße 97, www.trabi-safari.de. Plusieurs départs par jour, réservation sur le site internet. À partir de 60 € pour une personne, prix dégressifs si vous partez à plusieurs (max. 4 pers./trabi).* Pour une visite en Trabant (voiture culte de l'ancienne RDA). *Voir aussi p. 15.*

➤ Voltage

Le courant électrique est de 220 volts (fréquence de 50 Hz).

Lexique

Utile

Au revoir ! : Auf Wiedersehen !
Bonjour ! Guten Tag ! **ou** Guten Morgen ! **(le matin)**
Bonsoir ! : Guten Abend !
Je suis français : Ich bin Franzose
Je ne comprends pas : Ich verstehe nicht
Oui, Non : Ja, Nein
Merci : Danke schön
Où se trouve… ? : Wo ist… ?
Pardon ! : Entschuldigung !
S'il vous plaît, de rien : Bitte (schön)

La santé

Dentiste : Zahnarzt
Pharmacien : Apotheker
Je suis malade : Ich bin krank

Les achats

Bureau de change : Wechselstube
Bureau de tabac : Tabakladen
Combien cela coûte-t-il ? : Wieviel kostet es ?
Je voudrais… : Ich möchte…
Prenez-vous les cartes de crédit ? : Nehmen Sie Kreditkarten an ?
Ouvert : Geöffnet
Fermé : Geschlossen

En voyage

À droite, à gauche : rechts, links
Aéroport : Flughafen
Arrêt : Haltestelle
Arrivée, départ : Ankunft, Abfahrt
Autoroute : Autobahn
Bagages : Gepäck
Billet : Fahrkarte
Douane : Zollamt
Entrée : Eingang
Est-ce bien la route de… ? : Ist dies die Straße nach… ?
Route, rue : Straße
Sortie : Ausgang
Tout droit : geradeaus
Train, gare : Zug, Bahnhof
Tramway, RER : S-Bahn
Métro : U-Bahn
Vol : Flug

À l'hôtel

Auriez-vous une chambre ? : Haben Sie noch ein Zimmer frei ?
Nous restons une nuit : Wir bleiben eine Nacht
Avec douche : Mit Dusche
Avec salle de bains : Mit Bad
Petit déjeuner : Frühstück

Au restaurant

L'addition ! : Zahlen bitte !
Bien cuit : Durchgebraten
Saignant : Fast roh
Dessert : Nachspeise
Hors-d'œuvre : Vorspeise
Menu : Speisekarte
Agneau : Lamm
Beurre : Butter
Bœuf : Rind
Fromage : Käse
Gâteau : Kuchen
Haricots : Grüne Bohnen
Jambon : Schinken
Moutarde : Senf
Pain : Brot
Pâtes : Nudeln
Poisson : Fisch
Pommes de terre : Kartoffeln
Porc : Schwein
Poulet : Hähnchen
Riz : Reis
Sel, poivre : Salz, Pfeffer
Sucre : Zucker
Veau : Kalb

Les boissons

Bière : Bier
Café : Kaffee
Eau : Wasser
Lait : Milch
Vin blanc : Weißwein
Vin rouge : Rotwein

Les repères temps

Aujourd'hui : Heute
Hier : Gestern
Avant-hier : Vorgestern
Demain : Morgen
Ce matin : heute Morgen
Ce soir : heute Abend

Index

CARTES ET PLANS

Crédits photos

Couverture :

HEMIS
Visuel principal et plat 1 ht : Bertrand Gardel. Plat 4 : Bertrand Gardel.

Intérieur :

AGE PHOTOSTOCK
M Popow : p. 129 ; Reister Christian/imageBROKER : p. 134 ; Woodhouse Julie/imageBROKER : p. 83.

HEMIS
Borgese Maurizio : p. 24, p. 95, p. 103, p. 156 ; Frumm John : p. 100 ; Gardel Bertrand : p. 6 b., p. 11 b., p. 195 ; Guiziou Franck : p. 60, p. 77 ; Hauser Patrice : p. 9 ; ImageBROKER : p. 45, p. 146 ; Jon Arnold : p. 38 ; Maisant Ludovic : p. 58, p. 117 ; Mattes René : p. 2, p. 70, p. 141 ; Rieger Bertrand : p. 6 ht, p. 8, p. 17, p. 53, p. 73, p. 88, p. 99, p. 178, p. 180 ; Westend 61 : p. 20.

JÉRÔME PLON
p. 12, p. 186, p. 190, p. 196, p. 199, p. 202, p. 206.

PATRICE HAUSER
p. 10, p. 15, p. 46, p. 63, p. 90, p. 127, p. 131, p. 133, p. 184, p. 185.

SHUTTERSTOCK
360b : p. 14 ; Alberto Loyo : p. 28 ; Andersphoto : p. 56 ; Anshar : p. 110 ; Bocman1973 : p. 11 ht ; Elxeneize : p. 94 ; Graphia : p. 122 ; Jessmine : p. 5 ; Mato : p. 23 ; Meunierd : p. 16 ; Noppasin : p. 7, p. 142, p. 148, p. 149 ; Peter Probst : p. 138 ; Pio3 : p. 32 ; Posztos : p. 153 ; Ppictures : p. 4 ; Sean Pavone : p. 121, p. 155 ; Sergey Kelin : p. 114 ; Villorejo : p. 47 ; Vitaly Goncharov : p. 64.

PRÊT
Tiffon Jean : p. 104, p. 106, p. 125 ; Uwe Radack/Café Sibylle : p. 92.

Ce guide a été établi par **Christèle Dedebant.**

Direction : Nathalie Bloch-Pujo
Direction éditoriale : Cécile Petiau
Responsable de collection : Hélène Firquet
Responsable adjointe : Julie Wood
Édition : Marine Barbier-Blin et Jean Tiffon
Cartographie : Frédéric Clémençon et Aurélie Huot
Fabrication : Caroline Le Page

Conception graphique de la couverture et de la maquette intérieure : Thibault Reumaux
Mise en pages intérieure : Chrystel Arnould
Suivi éditorial : Coraline Borchiellini
Lecture-correction : Jean-Fabien Duclos
Ont également collaboré : Irène Sellier, Mathilde Ricciardelli, Florence Roth

Contact presse : Rachida Mazef, rmazef@hachette-livre.fr ☎ 01 43 92 36 66
Contact publicité : Valérie Habert, vhabert@hachette-livre.fr ☎ 01 43 92 32 52

Pour nous écrire : Hachette Tourisme / Guides Évasion
58, rue Jean Bleuzen - 92170 Vanves
evasion@hachette-livre.fr
Pour nous lire : www.guide-evasion.fr

Édité par Hachette Livre, 58 rue Jean Bleuzen, CS 70007, 92178 Vanves cedex
Imprimé en Espagne par Industria Grafica Cayfosa
(ctra. De Caldes, km 3, Sta. Perpetua Mogada, 08130 Barcelone)

Achevé d'imprimer : septembre 2015 – Dépôt légal : septembre 2015
Collection n° 27 – Édition n°01
ISBN : 978-2-01-396069-4
74-1126-8

À nos lecteurs

Ces pages vous appartiennent.
Notez-y vos remarques, vos envies,
vos découvertes, vos bonnes adresses.
Et ne manquez pas
de nous en informer à votre retour.

Hachette Tourisme
Guide Évasion – Courrier des lecteurs
58, rue Jean Bleuzen - 92170 Vanves
evasion@hachette-livre.fr

Rendez-vous également sur la page Facebook Guide Evasion
et sur www.guide-evasion.fr

Pense-bête avant le départ

Documents

Passeport	❑
Photocopie de passeport	❑
N° opposition bancaire	❑
Argent liquide	❑
Devise	❑
Billets transport	❑
______________________	❑
______________________	❑
______________________	❑
______________________	❑

Trousse à pharmacie

Aspirine	❑
Désinfectant	❑
Pansements	❑
______________________	❑
______________________	❑
______________________	❑
______________________	❑
______________________	❑

Pense-bête avant le départ

Valise

- Crème solaire ☐
- Lunettes de soleil ☐
- Chapeau ☐
- Vêtement de pluie ☐
- ______________________ ☐
- ______________________ ☐
- ______________________ ☐
- ______________________ ☐
- ______________________ ☐
- ______________________ ☐
- ______________________ ☐
- ______________________ ☐
- ______________________ ☐

La liste de vos envies

-
-
-
-
-

Vos coups de cœur sur place

-
-
-
-
-

Petits comptes entre amis

Simplifiez-vous les vacances et notez qui a dépensé quoi

Intitulé de la dépense	Montant de la dépense	Qui a réglé la dépense
~~Tickets navette Beauvais (train)~~	~~9,80 €~~	~~Audrey~~
Navette rhonexpress	53 €	Audrey
~~Ticket métro~~	~~3,40 € x2~~	~~Stéphanie~~
Parfum Scandal (cassé par Audrey)	Cher !! Très cher !!	A rembourser à Stéph
~~Boissons~~	~~7 €~~	~~Audrey~~
~~Boissons~~	~~15 €~~	~~Stéph~~
~~Taxes~~	~~8,31 €~~	~~Audrey~~

Retrouvez notre modèle de suivi de budget sur www.guide-evasion.fr